이수영 사진, 글

곤충 전문 사진작가로, 20여 년간 국내외를 다니며 곤충의 세계를 사진으로 기록했습니다. 그동안 《한국곤충생태도감》《한국의 나비》《곤충의 비밀》《우리 아이 호기심을 키워 주는 생생한 곤충 백과》 《봄·여름·가을·겨울 신기한 곤충 이야기》 등 여러 권의 곤충 책을 냈으며, MBC 문화방송에서 〈개똥벌레의 비밀〉 〈풀숲의 전쟁〉〈산골마을 곤충일기〉 등 여러 편의 곤충 다큐멘터리도 촬영했습니다. 〈개똥벌레의 비밀〉과 〈야생벌이 산사에 깃든 사연은〉이 제5회 JAPAN WILD LIFE FILM FESTIVAL 아세아 오세아니아 최우수상과 심사위원상을 수상했습니다. 현재 방송, 출판, 잡지 등에서 곤충 전문 생태 사진가로 활동하고 있습니다.

2025년 1월 20일 개정판 11쇄 펴냄

사진, 글 · 이수영

펴낸이 · 이성호
펴낸곳 · (주)글송이

편집/디자인 · 임주용, 최영미, 오영인, 이강숙, 김시연
마케팅 · 이성갑, 윤정명, 이현정, 문현곤, 이동준
경영지원 · 최진수, 이인석, 진승현

출판 등록 · 2012년 8월 8일 제2012-000169호
주소 · 서울시 서초구 능안말1길 1 (내곡동)
전화 · 578-1560~1 **팩스** · 578-1562
이메일 · gsibook01@naver.com

ⓒ이수영, 2015

ISBN 979-11-7018-117-0 74400
　　　979-11-86472-78-1　　(세트)

*이 책은 저작권법에 따라 보호받는 저작물입니다. 무단 전재와 무단 복제를 금지하며, 이 책의 내용이나 사진의 전부 또는 일부를 이용하려면 반드시 (주)글송이와 사진 저작권자의 서면 동의를 받아야 합니다.

7~10세

신기한
장수풍뎅이
사슴벌레 백과

이수영 사진, 글

글송이

머리말

참나무 숲의 작은 친구, 장수풍뎅이와 사슴벌레

조용히 눈을 감고 사슴벌레와 장수풍뎅이를 만났던 추억들을 하나씩 떠올려 봅니다. 그러고 보니, 참나무 숲의 작은 친구들을 만난 지도 어느덧 20여 년이 넘었어요. 큰턱 사슴벌레를 처음 만난 것은 경기도 이천에 있는 참나무 숲이었어요. 도토리를 주우러 갔다가 우연히 죽은 사슴벌레를 발견하고, 그때부터 매년 여름이면 찾아가 사슴벌레의 생태를 관찰했어요. 밤에 활동하는 사슴벌레의 습성 때문에 극성스런 모기에 쏘이는 고통을 견뎌야 했지만, 마냥 재미있고 즐거운 관찰이었지요.

큰뿔 장수풍뎅이를 만나기 위해 전북 고창군에 있는 참나무 숲에 갔던 일은 아직도 생생한 추억으로 남아 있어요. 바로 그곳에서 큰뿔과 큰턱을 맞대고 싸우는 장수풍뎅이와 사슴벌레를 처음으로 볼 수 있었기 때문이에요. 이제 오랫동안 관찰하며 촬영해 온 장수풍뎅이와 사슴벌레의 생생한 기록들을 여러분과 함께 나누려고 합니다.

공원과 숲을 날아다니는 작은 곤충들은 어린이 여러분의 첫 자연관찰 친구이지요. 그중에서도 큰뿔 장수풍뎅이와 큰턱 사슴벌레가 유독 어린이들의 관심과 사랑을 듬뿍 받고 있어요.

관심이 있는 만큼 두 곤충에 관한 호기심이 새록새록 자라나지요.
수년에 걸쳐 촬영한 생생한 사진이 담긴 이 책 한 권으로 모든 호기심
해결이 가능하답니다.
장수풍뎅이와 사슴벌레가 사는 곳과 성장 과정, 우리나라와 세계의
장수풍뎅이와 사슴벌레, 채집하고 기르는 방법이 모두 총망라되어 있어요.
또 특별부록으로 소개하는 곤충의 생존전략도 매우 흥미롭지요.

더불어 곤충을 채집하여 정성스레 기르며 관찰하면, 곤충의 자라는 모습을
실제로 볼 수 있어서 생명의 신비로움을 흠뻑 느낄 수 있어요. 살아 있는
생명을 사랑하며 기르는 일은 아주 소중한 자연 공부가 되거든요.
이 책을 통해 자연을 느끼고 사랑하는 즐거움과 과학을 탐구하고 이해하는
기쁨까지 모두 얻기를 바랍니다.
끝으로 이 책을 엮는 데 도와주신 글송이 식구들에게 감사드립니다.

곤충 사진을 찍는 아저씨 이수영

차례

생생화보
큰턱 사슴벌레와 큰뿔 장수풍뎅이의 대결 · 10
세계 최대 헤라클레스장수풍뎅이와
세계 최강 코카서스장수풍뎅이의 대결 · 14

1 곤충의 보금자리 참나무 숲 · 19
참나무 숲에 모이는 곤충들 · 20
아침과 낮에 참나뭇진을 먹는 곤충들 · 22
밤에 참나뭇진을 먹는 곤충들 · 24
참나무 숲에 최강자 · 26

2 큰뿔 장수풍뎅이 · 29

장수풍뎅이의 생김새 · 30
장수풍뎅이의 구조 · 32
참나뭇진을 찾는 장수풍뎅이 · 34
참나무 숲의 왕, 장수풍뎅이 · 36
장수풍뎅이 수컷들의 힘겨루기 · 38
장수풍뎅이의 짝짓기와 알낳기 · 40
장수풍뎅이의 성장 1(알~애벌레) · 42
장수풍뎅이의 성장 2(애벌레~번데기) · 46
장수풍뎅이의 성장 3(번데기~어른벌레) · 48

장수풍뎅이의 종류 · 50

우리나라의 장수풍뎅이
장수풍뎅이 · 52
외뿔장수풍뎅이 · 54

세계의 장수풍뎅이
헤라클레스장수풍뎅이 · 56
코끼리장수풍뎅이 · 58
악테온코끼리장수풍뎅이 · 60

코카서스장수풍뎅이 · 62
아틀라스장수풍뎅이 · 64
모렌캄피장수풍뎅이 · 66
기데온장수풍뎅이 · 68
오각뿔장수풍뎅이 · 70

3 큰턱 사슴벌레 · 73

사슴벌레의 생김새와 구조 · 74
나뭇진을 독차지하는 사슴벌레 · 76
사슴벌레 수컷들의 힘겨루기 · 78
사슴벌레의 짝짓기 · 80
사슴벌레의 알낳기 · 82
사슴벌레의 성장 1(알~애벌레) · 84
사슴벌레의 성장 2(애벌레~번데기) · 88
사슴벌레의 성장 3(번데기~어른벌레) · 90

사슴벌레의 종류 · 92

우리나라의 사슴벌레
왕사슴벌레 · 94
넓적사슴벌레 · 96
애사슴벌레 · 98
톱사슴벌레 · 100
사슴벌레 · 102
홍다리사슴벌레 · 104
다우리아사슴벌레 · 106
두점박이사슴벌레 · 108
참넓적사슴벌레 · 110
원표애비단사슴벌레 · 111

세계의 사슴벌레
기라파톱사슴벌레 · 112
로젠버기황금사슴벌레 · 114
타란두스광사슴벌레 · 116
람프리마사슴벌레 · 118
뮤엘러리사슴벌레 · 120
메탈리퍼가위사슴벌레 · 122
패리큰턱사슴벌레 · 124
호페이왕사슴벌레 · 126
부세팔루스왕넓적사슴벌레 · 128

4 채집하고 키우기 · 131

어른벌레 채집하기 · 132
애벌레 채집하기 · 134
기르기에 필요한 사육용품들 · 136
장수풍뎅이 기르기 · 138
사슴벌레 기르기 · 140

5 특별부록·곤충의 생존 전략·143

몸 빛깔이 주변 색과 같아요 · 144
무서운 동물을 닮았어요 · 146
나뭇잎을 닮았어요 · 148
집을 업고 다니며 위장해요 · 150
나뭇가지를 닮았어요 · 151
가짜 눈알 무늬가 있어요 · 152
화려한 곤충은 맛이 없어요 · 154
알로 추운 겨울을 나요 · 156
애벌레로 추운 겨울을 나요 · 158
번데기로 추운 겨울을 나요 · 160
어른벌레로 추운 겨울을 나요 · 162
진흙으로 집을 지어요 · 164
나뭇잎으로 집을 지어요 · 166
땅속에 집을 지어요 · 168
거품으로 집을 지어요 · 170
집을 지어 먹이를 사냥해요 · 172

찾아보기 · 174

• 생생화보

큰턱 사슴벌레와 큰뿔 장수풍뎅이의 대결

집게처럼 생긴 큰턱을 무기삼아
싸우는 사슴벌레.
머리에 큰뿔이 나 있어
곤충 세계의 코뿔소라 불리는
장수풍뎅이.
사슴벌레와 장수풍뎅이가
나뭇진을 먹다가
서로 몸이 부딪치자,
싸움을 시작해요.

▶ **참나무 숲의 대결투**
붉은 노을이 지자,
큰뿔 장수풍뎅이와
큰턱 사슴벌레가
대결을 벌여요.

◀ **위협하기**
장수풍뎅이와 넓적사슴벌레가 싸우려 해요.

▶ **힘겨루기**
큰턱과 큰뿔을 맞대고 힘을 겨뤄요.

◀ **승리하기**
장수풍뎅이는 큰뿔로 넓적사슴벌레를 받아 버려요.

사슴벌레는 집게처럼 생긴 큰턱을 벌리며 장수풍뎅이에게
덤벼들어요. 장수풍뎅이는 큰뿔을 밑으로 내리고
사슴벌레를 향해 돌진해요. 하지만 결국 사슴벌레는
장수풍뎅이의 큰뿔에 받혀 나무 밑으로 떨어지고 말았어요.
큰뿔 장수풍뎅이의 승리예요.

▶코뿔소를 닮은 곤충
장수풍뎅이의 무기는
큰뿔이에요.

◀ 집게처럼 생긴 큰턱
넓적사슴벌레의
무기는 큰턱이에요.

▲ 큰턱과 큰뿔을 맞대고 힘을 겨루는 장수풍뎅이와 넓적사슴벌레

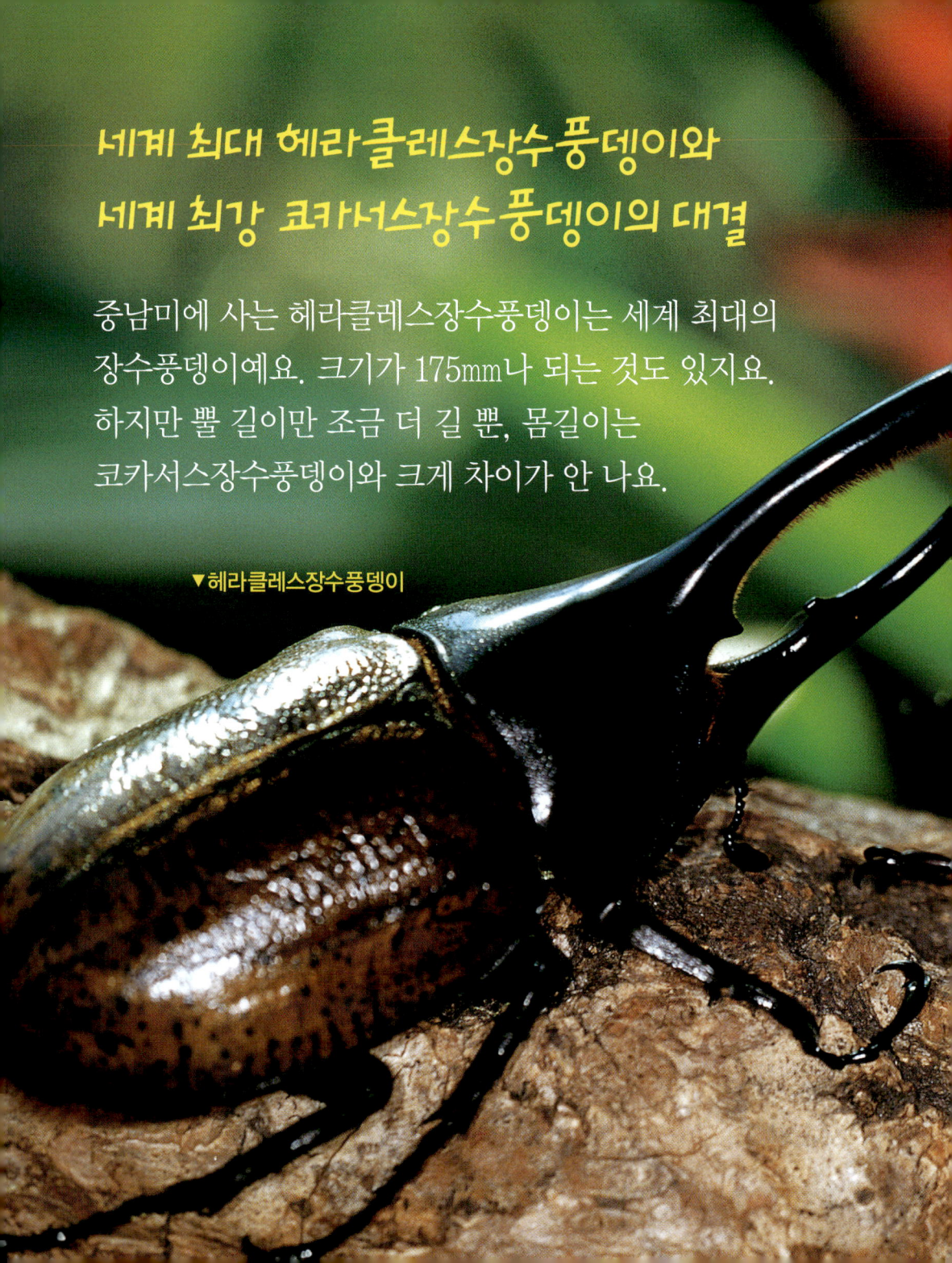

세계 최대 헤라클레스장수풍뎅이와 세계 최강 코카서스장수풍뎅이의 대결

중남미에 사는 헤라클레스장수풍뎅이는 세계 최대의 장수풍뎅이예요. 크기가 175mm나 되는 것도 있지요. 하지만 뿔 길이만 조금 더 길 뿐, 몸길이는 코카서스장수풍뎅이와 크게 차이가 안 나요.

▼ 헤라클레스장수풍뎅이

코카서스장수풍뎅이는 아시아 최강의 장수풍뎅이로, 세계에서 가장 길고 튼튼한 다리를 가졌어요. 또 싸움을 잘해서 두 마리 수컷을 한곳에 두면 심하게 싸움을 해요. 아마 힘의 세기로 보면 세계에서 가장 힘센 장수풍뎅이일 거예요.

▼코카서스장수풍뎅이

▼세계 최대 Vs 세계 최강

또 헤라클레스장수풍뎅이는 뿔이 2개인데 코카서스장수풍뎅이는 뿔이 3개예요. 서로 싸움을 하면 어느 쪽이 이길지 알 수 없지만 아마 다리가 길고 힘이 센 코카서스장수풍뎅이가 이길 거예요.

◀세계 최강 코카서스장수풍뎅이

▼세계 최대 헤라클레스장수풍뎅이

▲ 장수풍뎅이와 넓적사슴벌레
장수풍뎅이와 넓적사슴벌레가 나뭇진을 먹고 있어요.

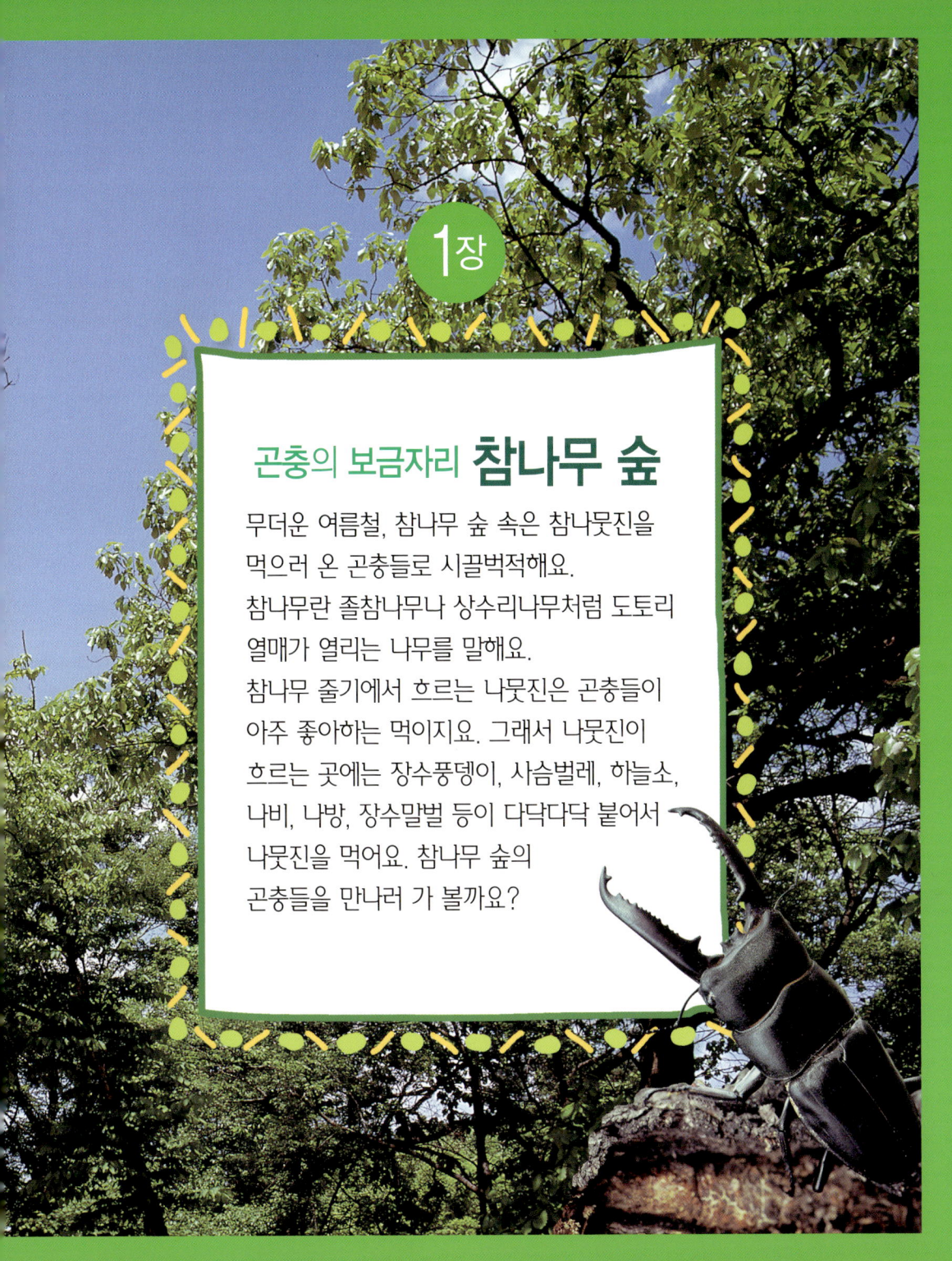

1장

곤충의 보금자리 참나무 숲

무더운 여름철, 참나무 숲 속은 참나뭇진을 먹으러 온 곤충들로 시끌벅적해요. 참나무란 졸참나무나 상수리나무처럼 도토리 열매가 열리는 나무를 말해요.
참나무 줄기에서 흐르는 나뭇진은 곤충들이 아주 좋아하는 먹이지요. 그래서 나뭇진이 흐르는 곳에는 장수풍뎅이, 사슴벌레, 하늘소, 나비, 나방, 장수말벌 등이 다닥다닥 붙어서 나뭇진을 먹어요. 참나무 숲의 곤충들을 만나러 가 볼까요?

1장 · 곤충의 보금자리 참나무 숲

참나무 숲에 모이는 곤충들

참나무에서 흘러나오는 나뭇진은 단맛을 내는 당분과
신맛을 내는 초산 등으로 이루어져 있어요.
그래서 곤충에게는 아주 맛있고 영양분이 많은 먹이예요.
여름철, 참나무 숲에 들어서면 술이 익는 듯한 시큼한
냄새가 나요. 바로 이 냄새가 나뭇진 냄새예요.
나뭇진 냄새는 솔솔 바람을 타고 숲에 퍼져요.
곤충들은 이 냄새를 맡고 날아오는 거예요.

▲**황오색나비** 황오색나비 두 마리가 대롱처럼 생긴 입으로 나뭇진을 맛있게 먹고 있어요.

▲**참나뭇진을 먹고 있는 장수말벌**
장수말벌은 무서운 침을 가졌어요.

▲나무진을 먹는 넓적사슴벌레와 무궁화나방

▲곤충들의 식사시간
장수풍뎅이 암컷과 수컷, 넓적사슴벌레, 하늘소가 참나무진을 먹고 있어요.

1장 · 곤충의 보금자리 참나무 숲

아침과 낮에 참나뭇진을 먹는 곤충들

재미있게도 때에 따라 참나뭇진에 모이는
곤충의 종류가 달라요.
참나무 숲에는 아침 일찍 황오색나비처럼 아름다운
날개를 가진 나비들이 날아와 참나뭇진을 먹어요.
햇볕이 뜨거운 한낮에는 장수말벌, 흰점박이꽃무지,
풍이 등이 날아와요.

▼황오색나비
긴 대롱처럼 생긴 입을
나뭇진에 꽂고 맛있게
아침 식사를 해요.

▼**큰멋쟁이나비** 부지런한 나비는 아침에 나뭇진을 먹으러 와요.

▼**곤충 친구들** 장수말벌, 풍이, 흰점박이꽃무지는 낮에 나뭇진에 모여요.

▼**왕오색나비 암컷** 대롱처럼 생긴 입으로 나뭇진을 빨고 있어요. 큰 날개를 움직여 장수말벌과 싸우기도 해요.

1장 · 곤충의 보금자리 참나무 숲

밤에 참나뭇진을 먹는 곤충들

해가 지면 낮에 모였던 곤충들이 사라지고 장수풍뎅이, 넓적사슴벌레, 태극나방, 회색붉은뒷날개나방, 하늘소, 주홍박각시 등이 참나뭇진에 모여요. 또 가끔 청개구리가 나타나 나뭇진에 오는 작은 곤충을 잡아먹지요. 밤에 모이는 곤충들도 나뭇진을 많이 먹으려고 힘겨루기를 해요. 여기서 제일 힘이 센 곤충은 장수풍뎅이와 사슴벌레예요.

▼밤에 모이는 곤충
넓적사슴벌레, 태극나방, 회색붉은뒷날개나방이 나뭇진에 모였어요.

▼ **장수풍뎅이**
힘센 장수풍뎅이도 밤에 나뭇진을 먹으러 와요.

▼ **하늘소**
밤에 와서 나뭇진을 먹고 있어요.

▼ **주홍박각시**
대롱처럼 생긴 입을 나뭇진에 꽂고 날갯짓하면서 빨아 먹지요.

1장 · 곤충의 보금자리 참나무 숲

참나무 숲의 최강자

▲참나무 숲의 천하장사 장수풍뎅이

▲사슴벌레 다음으로 힘센 하늘소

▲하늘소 다음으로 힘센 장수말벌

여름철, 참나무 숲에는 시큼한 나뭇진 냄새가 납니다. 이 냄새를 맡고 참나무 숲에 모인 곤충들은 나뭇진을 먹기 위해 힘겨루기를 해요. 힘이 센 곤충만이 나뭇진을 마음껏 먹을 수 있지요.
그렇다면 참나무 숲에서 어떤 곤충이 가장 힘이 셀까요?
힘이 센 순서대로 알아보아요.
가장 힘이 센 곤충은
큰뿔 장수풍뎅이예요. 그 다음은
큰턱 사슴벌레예요. 그 다음은
하늘소, 장수말벌, 왕오색나비의
차례로 이어져요. 또 그 다음은
흰점박이꽃무지, 풍이,
황오색나비, 큰멋쟁이나비로
서로 힘이 비슷해요.

▼장수풍뎅이 다음으로 힘센 넓적사슴벌레

▲큰멋쟁이나비
맛있게 나뭇진을 빨고 있지만,
장수말벌이 나타나면
나뭇진에서 쫓겨나요.

▲참나무 숲에 사는 장수풍뎅이 수컷

▲해가 지고 저녁 노을이 타오르면 활동을 시작하는 장수풍뎅이

▼싸우기 직전인 장수풍뎅이 수컷들

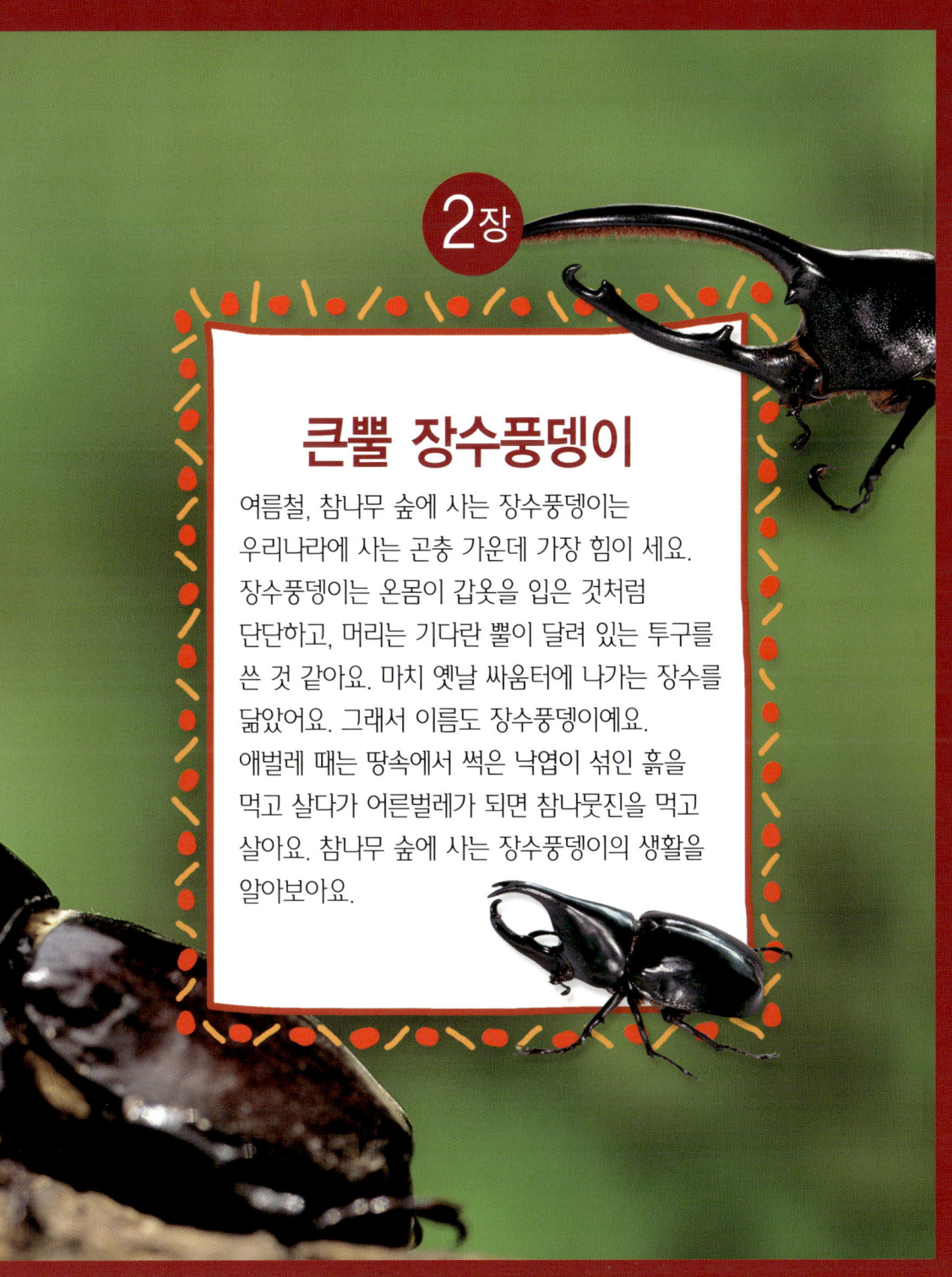

2장

큰뿔 장수풍뎅이

여름철, 참나무 숲에 사는 장수풍뎅이는 우리나라에 사는 곤충 가운데 가장 힘이 세요. 장수풍뎅이는 온몸이 갑옷을 입은 것처럼 단단하고, 머리는 기다란 뿔이 달려 있는 투구를 쓴 것 같아요. 마치 옛날 싸움터에 나가는 장수를 닮았어요. 그래서 이름도 장수풍뎅이예요. 애벌레 때는 땅속에서 썩은 낙엽이 섞인 흙을 먹고 살다가 어른벌레가 되면 참나뭇진을 먹고 살아요. 참나무 숲에 사는 장수풍뎅이의 생활을 알아보아요.

2장 · 큰뿔 장수풍뎅이

장수풍뎅이의 생김새

장수풍뎅이 수컷은 멋진 뿔이 두 개 있어요. 머리에는 큰 뿔이, 앞가슴등판에는 작은 뿔이 달려 있어요. 뿔의 끝 부분은 아주 뾰족하게 생겼어요. 수컷의 몸길이는 30~55mm이고, 큰 뿔 길이는 10~25mm예요. 장수풍뎅이 수컷은 이 뿔로 싸움도 하고 썩은 낙엽이나 흙도 팔 수 있어요. 하지만 암컷은 뿔도 없고 크기도 작아요.

◀장수풍뎅이 암컷
암컷은 뿔이 없어요.

▶장수풍뎅이 수컷
머리에 큰 뿔이, 앞가슴등판에 작은 뿔이 달려 있어요.

장수풍뎅이의 구조

장수풍뎅이의 몸은 머리, 가슴, 배 세 부분으로 이루어져 있어요. 입에 있는 솔처럼 생긴 혀로 나뭇진을 핥아 먹고, 발고리가 달린 세 쌍의 다리로 나무를 잘 타지요. 두 쌍의 날개가 있는데 단단한 각질로 된 앞날개는 뒷날개를 보호하고, 날 때 몸의 균형을 잡아 주어요. 장수풍뎅이의 가장 큰 특징인 뿔은 장수풍뎅이 종류마다 다르게 생겼어요. 뿔이 하나 달린 장수풍뎅이도 있고 다섯 개가 달린 장수풍뎅이도 있어요.

〈장수풍뎅이의 다양한 뿔〉

◀ 코끼리장수풍뎅이

▲ 헤라클레스장수풍뎅이

▲ 기데온장수풍뎅이

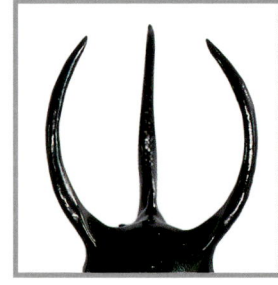

▲ 아틀라스장수풍뎅이

뿔
뿔이 커야 싸움에 유리해요.

더듬이
1쌍의 더듬이로 냄새를 맡아요.

겹눈
2개의 겹눈으로 가까이에 있는 것만 볼 수 있어요.

입
큰뿔이 달려 있는 머리 아래쪽에 있어요.

앞날개(딱지날개)
단단한 각질로 되어 있어요.

다리
3쌍의 다리가 있어요. 다리의 끝 부분에는 갈고리 모양의 발톱이 있어서 나무에 잘 올라가요.

뒷날개
보통은 앞날개 밑에 접혀 있다가 하늘을 날 때만 사용해요.

2장 · 큰뿔 장수풍뎅이

참나뭇진을 찾는 장수풍뎅이

해가 지고 날이 어두워지면 참나무 숲의 낙엽 속에서
낮잠을 자던 장수풍뎅이가 모습을 나타내요.
장수풍뎅이는 더듬이 끝을 부채꼴로 벌려
나뭇진 냄새가 나는 방향을 찾아요.
'부르릉~ 부르릉~' 참나무 숲에 장수풍뎅이의
날갯짓 소리가 울려 퍼져요.

▼전라북도 고창군 선운사 주변의 참나무 숲
이 숲에는 장수풍뎅이와 사슴벌레가 살고 있어요.

그런데 장수풍뎅이는 나뭇진이 흐르는 나무로 날아와서
'딱' 소리를 내며 부딪치더니 땅으로 떨어져요.
떨어지며 몸이 뒤집힌 장수풍뎅이는 몸을 일으킨 후
나뭇진이 흐르는 나무로 기어올라가요.
장수풍뎅이가 나무에 부딪친 건 눈이 아주 나쁘기도 하고,
나는 속도를 줄여서 살포시 내려앉는 데도
서툴기 때문이에요.

▲나뭇진을 향해 날아가는
 장수풍뎅이 옆모습

▲참나무 숲을 날아다니는
 장수풍뎅이 앞모습

2장 · 큰뿔 장수풍뎅이

참나무 숲의 왕, 장수풍뎅이

장수풍뎅이는 참나무에서 진을 빨고 있는 사슴벌레, 나방, 하늘소를 '툭' 밀쳐 내요. 그리고 가장 좋은 곳에 자리를 잡더니 입안에서 솔처럼 생긴 혀를 내밀어 진을 빨기 시작해요.

◀나뭇진을 독차지해서 먹고 있는 장수풍뎅이 수컷들
나뭇진이 적게 나오면 장수풍뎅이끼리도 싸워요.

▲장수풍뎅이의 혀
솔처럼 생긴 혀는 나뭇진을 빨아 먹기 편리해요.

▼장수풍뎅이 암컷 나뭇진을 먹고 있어요.

장수풍뎅이 수컷들의 힘겨루기

얼마 후, 나뭇진에 장수풍뎅이 암컷이 나타나자, 나뭇진을 배불리 먹고 있던 장수풍뎅이 수컷끼리 뿔을 휘두르며 싸움을 벌여요. 왜 싸우냐고요? 이번에는 먹을 것 때문이 아니라 암컷을 차지하기 위해 싸우는 거예요. 수컷들은 서로 뿔을 맞대고 힘을 겨뤄요.
"야, 저리 가! 내가 너보다 힘이 세."
"어림도 없지. 감히 나에게 덤비다니!"
잠시 팽팽하게 힘을 겨루는가 싶더니, 수컷 한 마리가 슬금슬금 꽁무니를 빼요. 싸움에 승리한 수컷은 진을 빨고 있는 암컷을 향해 다가가요. 이제 곧 수컷은 암컷과 짝짓기를 할 거예요.

▲장수풍뎅이 수컷들
참나뭇진이 흐르는 곳에서 진을 빨고 있어요.

▲암컷 등장
참나뭇진에 장수풍뎅이 암컷이 나타났어요.

▶ 힘겨루기
장수풍뎅이 암컷을 차지하기 위해 수컷끼리 뿔을 맞대고 힘을 겨뤄요.

▲장수풍뎅이 수컷의 대결
암컷을 차지하기 위해 수컷끼리 대결을 하려고 해요.

장수풍뎅이의 짝짓기와 알낳기

장수풍뎅이 수컷이 진을 빨고 있는 암컷의 등 위로 올라가서 짝짓기를 시작해요. 짝짓기를 마친 암컷은 알을 낳을 자리를 찾아다녀요. 다리 힘이 센 암컷은 썩은 나뭇잎이 많이 쌓인 축축한 흙을 골라서 파헤쳐요. 그리고 그 속에 배를 집어넣고 알을 낳지요. 장수풍뎅이 암컷은 보통 40~50개의 알을 낳아요. 장수풍뎅이 수컷과 암컷은 짝짓기와 알낳기를 마치면 죽고 말아요.

▲장수풍뎅이의 짝짓기
싸움에서 승리한 수컷만이 암컷과 짝짓기를 할 수 있어요.

▲장수풍뎅이 암컷의 알낳기
짝짓기를 마친 암컷은 썩은 나뭇잎이 섞인 흙 속에 배를 넣고 알을 낳아요.

▲낙엽 위의 장수풍뎅이 시체 짝짓기와 알낳기를 마치면 장수풍뎅이는 죽고 말아요.

◀갓 낳은 알
알의 지름은 3mm정도로 하얗고 동그랗게 생겼어요.

장수풍뎅이의 성장 1(알~애벌레)

2주일이 지나면 알의 지름이 5~6㎜정도 돼요.
이제 곧 알에서 애벌레가 나올 거예요.
드디어 애벌레가 큰턱으로 알껍질을 깨고 세상 밖으로 나와요. 애벌레는 알에서 나오자마자 자기의 알껍질을 맛있게 먹어요. 알껍질에는 애벌레에게 필요한 영양분이 들어 있기 때문이에요.
그 후 애벌레는 썩은 낙엽이 섞인 흙을 먹으며 자라나요. 장수풍뎅이는 애벌레 시절에 영양분을 충분히 섭취해야 뿔도 크고 몸집도 큰 어른벌레가 되어요.
만약 애벌레 시절에 잘 먹지 못하면 뿔도 작고, 몸집도 작은 어른벌레가 되지요.
"아! 맛있다. 많이 먹고 튼튼한 어른벌레가 되어야지."
애벌레는 땅속에서 무럭무럭 자라나요.
장수풍뎅이 애벌레는 썩은 낙엽이 쌓인 흙 속에서 살아요. 애벌레는 가을과 겨울에 걸쳐 2번 허물을 벗고 8㎝정도 자라나요.

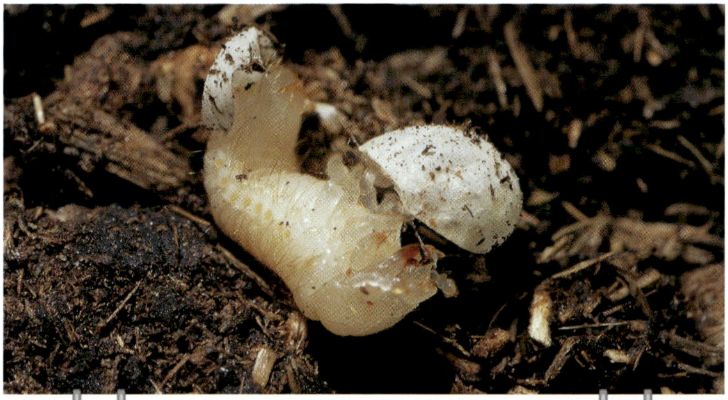

◀ **애벌레 탄생**
알을 낳은 지
2주일이 지나면
온몸이 하얀색인
애벌레가
태어나요.

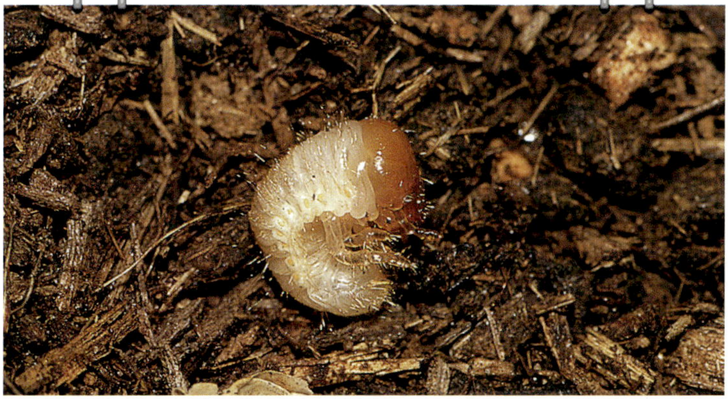

◀ **색깔 변화**
애벌레는
시간이 지나면서
머리 부분이
갈색으로 변해요.

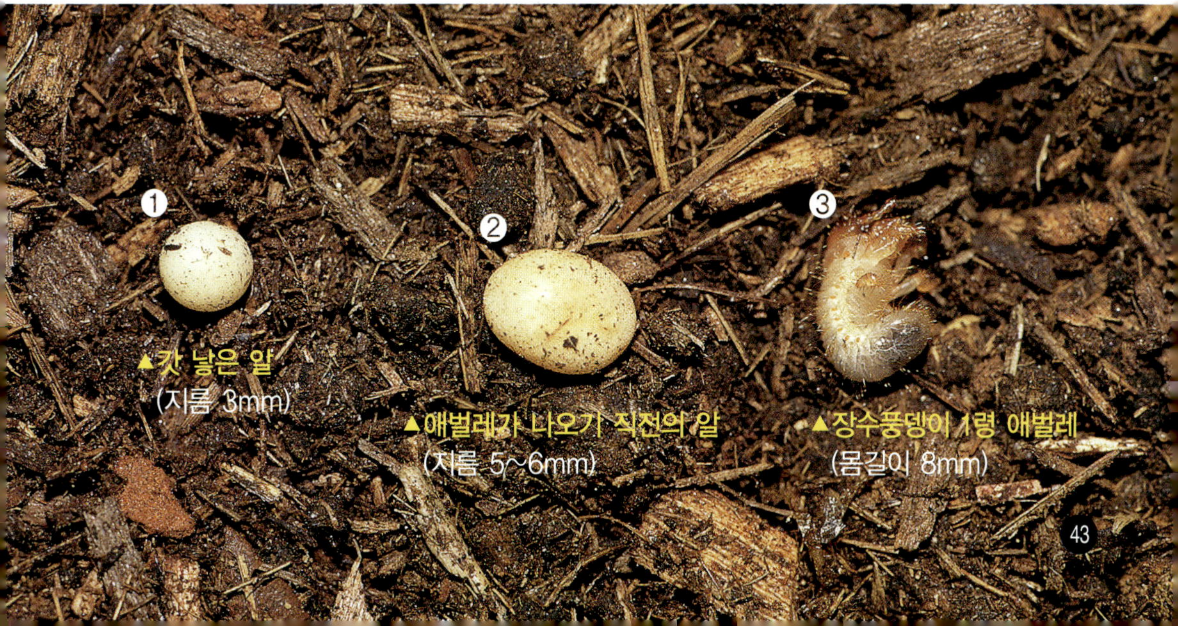

▲ **갓 낳은 알**
(지름 3mm)

▲ **애벌레가 나오기 직전의 알**
(지름 5~6mm)

▲ **장수풍뎅이 1령 애벌레**
(몸길이 8mm)

또 겨울에는 먹이를 많이 먹지 않다가 봄이 되면 식욕이 왕성해져서 6월이 되면 몸길이가 10cm나 되어요. 애벌레는 머리 부분에 있는 한 쌍의 더듬이로 먹이의 냄새와 맛을 구별해요. 그리고 온몸에 털이 나 있어 적이 다가오는 것을 떨림으로 느낄 수 있지요. 때로는 단단한 큰턱으로 상대방을 공격하기도 해요.

◀ 땅속에 있는 장수풍뎅이 3령 애벌레
허물을 2번 벗은 3령 애벌레는 다 자란 애벌레로, 곧 번데기가 될 거예요.

◀ 장수풍뎅이 1령 애벌레와 3령 애벌레
1령 애벌레는 2번 허물을 벗어야 3령 애벌레가 돼요.

◀ **턱과 더듬이**
3령 애벌레의 머리 부분에는 단단한 턱과 더듬이 1쌍이 달려 있어요.
턱으로 낙엽을 잘라 먹어요.

◀ **애벌레의 숨구멍**
몸 양쪽에 9개씩 모두 18개의 점처럼 생긴 숨구멍이 있어요.

◀ **애벌레의 항문**
애벌레의 항문은 가로로 갈라져 있어요.

장수풍뎅이의 성장 2(애벌레~번데기)

다 자란 장수풍뎅이 애벌레는 6월 중순쯤 되면 폭이 4~5cm, 길이가 6~9cm쯤 되는 번데기 방을 만들어요. 이제 애벌레는 번데기 방에 누워서 번데기가 될 때까지 움직이지 않아요. 약 1주일이 지나자, 흰색 애벌레의 몸 빛깔이 갈색으로 변해요. 곧 번데기가 될 거예요. 마침내 애벌레는 몸을 오므렸다 폈다 하면서 자신과의 힘든 싸움을 시작해요. 허물을 벗기 시작한 거예요.
애벌레의 머리 부분이 갈라지면서 번데기가 나와요.

▲애벌레의 탈바꿈 1
3령 애벌레의 몸 빛깔이 갈색으로 변했어요.

▲애벌레의 탈바꿈 2
애벌레의 머리 부분이 갈라지면서 번데기가 나오기 시작해요.

뿔과 앞다리, 가운뎃다리 순으로 하나씩 허물을 벗지요.
갓 나온 번데기는 흰색이고, 어른 장수풍뎅이와
꼭 닮았답니다.

▲애벌레의 탈바꿈 3
번데기의 뿔과 앞다리가 나와요.

▲애벌레의 탈바꿈 4
번데기의 가운뎃다리가 나와요.

▲애벌레의 탈바꿈 5
번데기의 배 부분이 나와요.

▲애벌레의 탈바꿈 6
마침내 애벌레는 번데기가 되었어요.

장수풍뎅이의 성장 3 (번데기~어른벌레)

장수풍뎅이의 번데기는 방 안에 가만히 누워 어른벌레가 되기 위한 준비를 하고 있어요. 번데기가 된 지 약 20일이 지나면 날개돋이가 시작돼요. 번데기는 배를 오므렸다 폈다 하다가 갑자기 다리를 버둥대요. 이어서 번데기의 뿔 뒤쪽 껍질이 쫙 찢어지면서 장수풍뎅이가 태어나요. 갓 태어난 장수풍뎅이의 앞날개는 하얀색이지만 시간이 갈수록 등판 색깔이 갈색으로 진해지면서 몸도 단단해져요. 드디어 풍뎅이 무리 가운데 가장 힘센 장수풍뎅이가 태어났어요.

▶ **번데기의 날개돋이 1**
날개돋이 일주일 전의 번데기예요.

◀ **번데기의 날개돋이 2**
날개돋이 직전의 번데기예요.

▶ 번데기의 날개돋이 3
머리와 가슴 부분이 나와요.

◀ 번데기의 날개돋이 4
하얀 앞날개가 나와요.

▶ 번데기의 날개돋이 5
허물을 모두 벗어요.

◀ 번데기의 날개돋이 6
뒷날개가 펴지면서 앞날개가 옅은 갈색으로 변해요.

▲ 번데기의 날개돋이 7
앞날개의 색이 점점 진해져요.

▲ 번데기의 날개돋이 8
앞날개의 색이 짙은 갈색으로 변해요.

◀ 헤라클레스장수풍뎅이 수컷

▼ 기데온장수풍뎅이 수컷

장수풍뎅이의 종류

우리나라에 살고 있는 장수풍뎅이의 종류는 몇 안 되지만, 세계에는 약 1,000여 종의 장수풍뎅이가 살고 있어요. 세계의 장수풍뎅이들은 아시아대륙의 열대지역과 중남미(중앙아메리카와 남아메리카) 대륙의 열대산림지대에 많이 살고 있는데, 남아메리카에는 크기가 10cm가 넘는 장수풍뎅이 종류가 많아요. 몸집이 크고, 큰뿔이 멋진 장수풍뎅이들을 만나 보아요.

▲ 아틀라스장수풍뎅이 수컷

▼ 코끼리장수풍뎅이 수컷

▲ 모렌캄피장수풍뎅이 수컷

▲ 코카서스장수풍뎅이 암컷과 수컷

▲ 날개를 펼친 오각뿔장수풍뎅이 수컷

▶ 코카서스장수풍뎅이 수컷

장수풍뎅이

학명: Allomyrina dichotoma
크기: 수컷 30~75mm
 암컷 30~50mm
색깔: 광택이 나는 검정색 또는 갈색
수명: 1~3개월
분포: 한국, 일본, 중국, 인도

대형 곤충인 장수풍뎅이는 애완용 곤충으로 유명하며 참나뭇진에 모이는 곤충 가운데 가장 힘이 세요. 장수풍뎅이를 자연 속에서 만나려면 7~9월에 남쪽 지방(전라도, 경상도, 제주도)의 참나무 숲에 가야 해요. 다른 지방에도 살지만 기온이 따뜻한 남쪽 지방에 많이 살아요. 일본에서는 수컷의 머리가 마치 장수가 투구를 쓴 것과 비슷하다고 해서 '투구벌레' 라고도 불려요.

▲장수풍뎅이 암컷과 수컷

▶장수풍뎅이
　수컷의 멋진 뿔

▼나뭇진을 찾아다니는 장수풍뎅이 수컷

외뿔장수풍뎅이

학명: Eophileurus chinensis
크기: 수컷 18~24mm
 암컷 18~24mm
색깔: 광택 있는 검은색
수명: 1~3개월
분포: 한국, 일본, 중국

몸집이 작은 외뿔장수풍뎅이는 6~8월경에 참나뭇진 근처에서 가끔 볼 수 있어요. 머리에는 아주 작은 뿔이 나 있고, 암컷과 수컷이 비슷하게 생겼어요. 애벌레는 썩은 참나무를 먹고 살며, 어른벌레는 참나뭇진이나 곤충의 체액(몸속의 액체)을 먹고 살아요.

▲외뿔장수풍뎅이 수컷(왼쪽)과 암컷
수컷의 앞가슴등판 가운데가 더 오목하게 들어가 있어요.

▲외뿔장수풍뎅이 수컷

▼외뿔장수풍뎅이 수컷의 앞모습

▼외뿔장수풍뎅이 수컷의 옆모습

헤라클레스 장수풍뎅이

학명: Dynastes hercules
크기: 수컷 48~175mm
  암컷 47~80mm
색깔: 밝은 황색에 검은 점
수명: 3개월~1년
분포: 남아메리카

세계에서 가장 큰 장수풍뎅이인 헤라클레스장수풍뎅이는 아메리카대륙을 대표하는 장수풍뎅이예요. 헤라클레스는 그리스 신화에 나오는 거대하고 힘이 센 영웅의 이름이에요. 헤라클레스장수풍뎅이는 헤라클레스처럼 세계 장수풍뎅이 가운데서 제일 크지요. 수컷 가운데는 크기가 175mm나 되는 것도 있다고 해요.

◀헤라클레스장수풍뎅이의 뿔 모습

▲헤라클레스장수풍뎅이 수컷을 위에서 본 모습

◀천하장사, 헤라클레스장수풍뎅이

▼ 인기만점 장수풍뎅이
헤라클레스장수풍뎅이는 수명도 길고
관상용으로도 좋기 때문에 인기가 많아요.

◀ 튼튼하고 멋진 뿔
헤라클레스장수풍뎅이의
뿔은 다른 곤충들과의
싸움에서 훌륭한
무기가 돼요.

2장 · 큰뿔 장수풍뎅이

세계의 장수풍뎅이

코끼리장수풍뎅이

학명: Megasoma elephas
크기: 수컷 50~130mm
　　　암컷 59~74mm
색깔: 황갈색
수명: 3~6개월
분포: 중앙아메리카

코끼리장수풍뎅이는 몸집이 코끼리처럼 크고, 뿔이 코끼리 코를 닮았어요. 이 장수풍뎅이는 중앙아메리카대륙의 멕시코, 니카라과, 과테말라, 온두라스 등지 해발 200~1000m 산지에 살고 있어요. 코끼리장수풍뎅이는 덩치가 크지만 성격은 온순한 편이에요. 온몸이 황갈색 털로 덮여 있어서 손으로 만지면 아주 부드러워요.

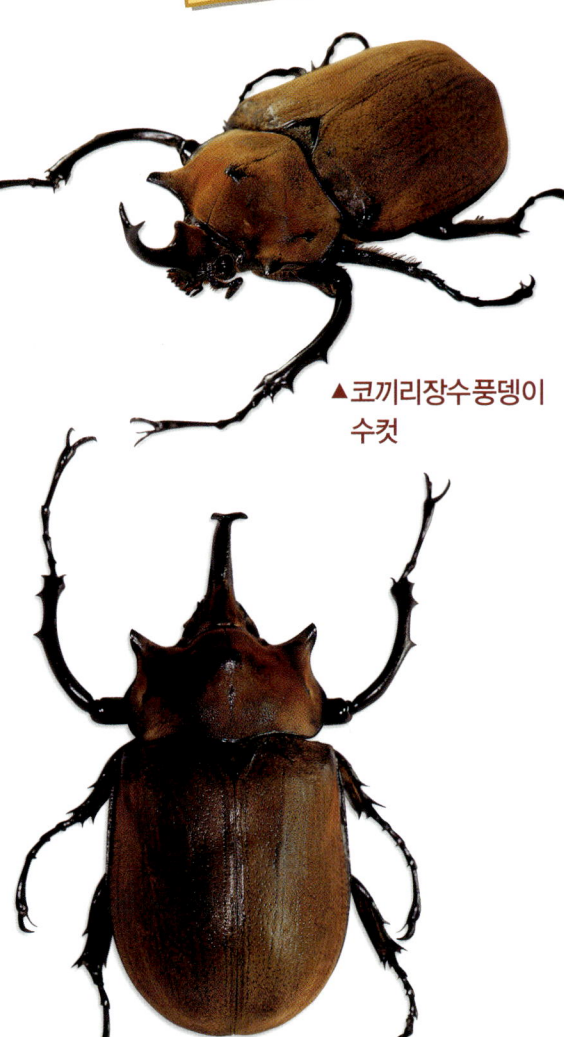

▲코끼리장수풍뎅이 수컷

▶ 곤충 세계의 평화주의자
코끼리장수풍뎅이는 싸움을 하지 않아요.

◀ 코끼리장수풍뎅이의 뿔
코끼리의 코를 닮았어요.

▼ 온몸에 털이 복슬복슬
코끼리장수풍뎅이의 온몸에 털이 나 있어 만지면 부드러워요.

2장 · 큰뿔 장수풍뎅이

세계의 장수풍뎅이

악테온코끼리장수풍뎅이

학명: Megasoma actaeon
크기: 수컷 50~135mm
　　　암컷 50~80mm
색깔: 검은색
수명: 3~4개월
분포: 남아메리카

악테온코끼리장수풍뎅이는 코끼리장수풍뎅이와 생김새는 비슷하지만 색깔은 달라요. 악테온코끼리장수풍뎅이는 세계에서 가장 몸무게가 많이 나가는 장수풍뎅이예요. 남아메리카의 에콰도르, 페루, 콜롬비아, 브라질 등지에 살고 있지요. 밤에 불빛을 향해 날아오면 날갯짓 소리가 대단해요. 수컷의 뿔은 코끼리장수풍뎅이처럼 코끼리의 코를 닮았지요.

▼ **몸무게 챔피언** 악테온코끼리장수풍뎅이는 세계 장수풍뎅이 가운데 가장 무거워요.

▲악테온코끼리장수풍뎅이의 앞다리 발톱이 낚싯바늘처럼 뾰족해요.

▲악테온코끼리장수풍뎅이 수컷

▲악테온코끼리장수풍뎅이의 뿔 모습

▶악테온코끼리장수풍뎅이 수컷 위에서 본 모습

2장 · 큰뿔 장수풍뎅이

세계의 장수풍뎅이

코카서스장수풍뎅이

학명: *Chalcosoma chiron*
크기: 수컷 50~130mm
　　　 암컷 50~73mm
색깔: 청색빛이 나는 검은색
수명: 2~8개월
분포: 동남아시아

코카서스장수풍뎅이는 인도네시아, 말레이시아, 미얀마 등지의 동남아시아에 살고 있어요. 코카서스장수풍뎅이는 아시아대륙의 최강 장수풍뎅이예요. 이 장수풍뎅이는 성격이 난폭하고 힘이 세 조심해야 해요. 코카서스장수풍뎅이의 앞가슴등판과 딱지날개 사이에 손가락이 끼면 손가락 살점이 떨어질 정도로 강하답니다.

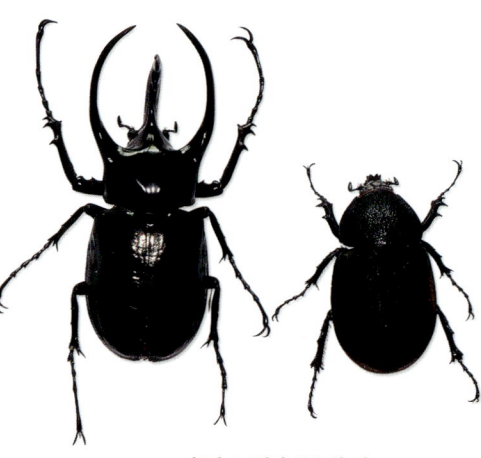
▲ 코카서스장수풍뎅이 수컷과 암컷

▲ 코카서스장수풍뎅이 수컷의 앞모습

▶ 코카서스장수풍뎅이 수컷의 뿔

▲**아시아의 최강 장수풍뎅이**
코카서스장수풍뎅이는 아시아대륙을
대표하는 최강 장수풍뎅이예요.

▲**코카서스장수풍뎅이의
뿔 모습** 머리 부분에
솟은 뿔의 안쪽으로
중간 돌기가 나 있어요.

2장 · 큰뿔 장수풍뎅이

세계의 장수풍뎅이

아틀라스장수풍뎅이

학명: *Chalcosoma atlas*
크기: 수컷 50~110mm
　　　암컷 45~60mm
색깔: 청색빛이 나는 검은색
수명: 2~5개월
분포: 동남아시아

아틀라스장수풍뎅이는
코카서스장수풍뎅이와
모렌캄피장수풍뎅이와 함께
동남아시아에 서식하는 초대형 장수풍뎅이예요.
아틀라스장수풍뎅이는 코카서스장수풍뎅이와
모습이 매우 비슷해요. 두 장수풍뎅이를 쉽게 구분하려면
머리에서 솟은 뿔을 보면 돼요. 코카서스장수풍뎅이는
뿔 안쪽에 중간 돌기가 불쑥 나와 있고,
아틀라스장수풍뎅이는 중간 돌기가 없어요.

▲아틀라스장수풍뎅이 수컷

◀아틀라스장수풍뎅이 수컷의 앞모습

▶아틀라스장수풍뎅이 뿔 모습 머리 부분에서 솟은 뿔의 안쪽에 중간 돌기가 없어요.

▶아틀라스장수풍뎅이 수컷의 앞모습

▼뿔이 3개 달린 아틀라스장수풍뎅이

모렌캄피장수풍뎅이

학명:	Chalcosoma mollenkampi
크기:	수컷 50~100mm
	암컷 45~60mm
색깔:	검은색
수명:	3~6개월
분포:	보르네오 섬

모렌캄피장수풍뎅이는 대형 장수풍뎅이로 보르네오 섬에 서식하는 보르네오 특산종이지요. 모렌캄피장수풍뎅이는 코카서스장수풍뎅이, 아틀라스장수풍뎅이와 함께 3개의 긴 뿔을 가지고 있어 인기가 많답니다. 특히 모렌캄피장수풍뎅이는 서식지가 한정되어 있어 채집하기 가장 힘들어요.

2장 · 큰뿔 장수풍뎅이

세계의 장수풍뎅이

▼모렌캄피장수풍뎅이 수컷

▲모렌캄피장수풍뎅이 수컷

▶모렌캄피장수풍뎅이의 앞모습

◀ 모렌캄피장수풍뎅이 수컷

▼ 모렌캄피장수풍뎅이의 옆모습

2장 · 큰뿔 장수풍뎅이

세계의 장수풍뎅이

기데온장수풍뎅이

학명: Xylotrupes gideon
크기: 수컷 32~80mm
　　　암컷 30~49mm
색깔: 광택 있는 검은색
수명: 3~4개월
분포: 동남아시아, 오스트레일리아

기데온장수풍뎅이는 동남아시아에 가장 넓게 분포하고 있는 종으로 크기는 우리나라의 장수풍뎅이와 비슷해요. 장수풍뎅이처럼 사육하기가 쉽고 번식력이 강하지요. 이 장수풍뎅이는 사탕수수 줄기에 상처를 내 즙을 빨아 먹기 때문에 농부들이 아주 싫어하는 해충이에요. 기데온장수풍뎅이 수컷은 크지 않지만 싸움을 좋아해요.

▲기데온장수풍뎅이 수컷과 암컷

▲기데온장수풍뎅이 수컷

▼ 농사를 망치는 해충
사탕수수의 즙을 먹고 살기 때문에
사탕수수 농사를 망쳐요.

▼ 기데온장수풍뎅이 수컷의 뿔 모습
머리 부분에 솟은 큰뿔과 앞가슴등판에
솟은 뿔이 서로 마주 향하고 있어요.

오각뿔장수풍뎅이

학명: Eupatorus gracilicornis
크기: 수컷 47~80mm
      암컷 41~54mm
색깔: 황색
수명: 2~3개월
분포: 동남아시아

오각뿔장수풍뎅이는 머리 부분에 큰 뿔이 하나 있고, 앞가슴등판에 뿔이 4개 있는 아주 멋진 장수풍뎅이예요. 태국, 베트남, 중국 등 동남아시아 지역에서 흔하게 볼 수 있어요. 검정색을 띤 앞가슴등판의 광택이 강해서 반짝반짝 빛이 나요.
이 장수풍뎅이는 대나무 새순을 먹기도 해요.

▲오각뿔장수풍뎅이 수컷

▲날개를 펼친 오각뿔장수풍뎅이 수컷

▲오각뿔장수풍뎅이 수컷과 암컷

▼오각뿔장수풍뎅이 수컷의 뿔 모습
아시아를 대표하는 장수풍뎅이로 5개의 뿔이 있어요.

▶동남아시아 지역에서 인기 있는 오각뿔장수풍뎅이

▲ 날아오를 준비를 하는 톱사슴벌레
날개를 활짝 펴고 하늘로 날아가려고 해요.

▲ 밤하늘을 나는 톱사슴벌레
톱사슴벌레의 나는 모습을
연속으로 찍은 거예요.

▲ 밤에 활동하는
사슴벌레 해가 지자,
사슴벌레가 나뭇진을
찾아 나서요.

큰턱 사슴벌레

사슴벌레를 만나려면 참나무 숲으로 가야 해요.
애벌레 때는 썩은 참나무를 먹고 살다가
어른벌레가 되면 참나뭇진을 먹고 살아요.
사슴벌레는 주로 밤에 활동하는 곤충이에요.
햇볕을 아주 싫어하거든요.
그래서 낮에는 나무 구멍 속이나 낙엽 속에서
낮잠을 자다가, 밤이 되면 나뭇진에 모여요.
하지만 낮에도 그늘진 곳에서는 가끔 볼 수
있어요. 나뭇진이 흐르는 참나무
숲에 사는 사슴벌레의 생활을
알아보아요.

3장 · 큰턱 사슴벌레

사슴벌레의 생김새와 구조

사슴벌레는 집게처럼 생긴 큰턱과 단단한 딱지날개를 가진 딱정벌레예요. 사슴벌레의 몸은 머리, 가슴, 배로 이루어져 있어요. 큰턱은 입이 변한 것으로, 안쪽으로 크고 작은 이빨이 나 있어요. 암컷의 큰턱은 아주 작아요.

〈사슴벌레의 다양한 큰턱〉

기라파톱사슴벌레　람프리마사슴벌레　메탈리퍼가위사슴벌레　타란두스광사슴벌레

〈사슴벌레의 다양한 몸 색〉

로젠버기황금사슴벌레　두점박이사슴벌레

뮤엘러리사슴벌레　람프리마사슴벌레

큰턱
몸길이의 3분의 1 정도이며, 큰턱의 생김새로 사슴벌레의 종류를 알 수 있어요.

이마방패
'머리방패'라고도 하며 큰턱 사이에 있어요.

겹눈
2개의 겹눈으로는 가까이에 있는 것만 볼 수 있어요.

더듬이
머리에 달린 1쌍의 더듬이로 냄새를 맡아요.

혀
두 갈래로 갈라져 있으며, 솔처럼 생겨서 나뭇진 먹기에 좋아요.

소순판
앞날개가 모아지는 역삼각형 부분이에요.

앞날개(딱지날개)
뒷날개를 보호하고, 비행할 때 몸의 균형을 잡아 줘요.

다리
3쌍이 있어요. 다리 끝에 날카로운 발톱이 있어서 나무를 잘 기어 다녀요.

뒷날개
앞날개 아래에 2장의 뒷날개가 있어요. 비행할 때 몸을 앞으로 나가게 해요.

나뭇진을 독차지하는 사슴벌레

무더운 여름밤, 사슴벌레가 나뭇진이 제일 많이 흐르는 곳에서 나뭇진을 먹기 시작해요. 그때 더듬이가 멋진 하늘소가 나타났어요. 사슴벌레는 집게처럼 생긴 큰턱을 벌렸다 오므렸다 하며 하늘소를 공격해요. 이에 질세라 하늘소도 날카로운 이빨로 사슴벌레를 물려고 하지만 사슴벌레는 큰턱으로 하늘소를 집어 나무 아래로 던져 버려요. 사슴벌레는 다시 진이 많이 흐르는 자리를 독차지해요. 그 주변에는 힘이 약한 곤충들이 사슴벌레의 눈치를 보며 훔쳐 먹듯이 나뭇진을 먹어요.

▲나뭇진을 독차지한 넓적사슴벌레 수컷과 암컷

▲나뭇진을 먹는 하늘소와 왕사슴벌레

◀ **넓적사슴벌레와 나방**
시골 마을 주변의 참나무 숲에서 나뭇진을 먹고 있어요.

▶ **나뭇진 쟁탈전**
왕사슴벌레가 집게처럼 생긴 큰턱으로 하늘소를 공격해요.

사슴벌레 수컷들의 힘겨루기

큰턱이 긴 사슴벌레 수컷이 나뭇진을 맛있게 먹고 있어요. 어디선가 또다른 수컷이 나뭇진으로 날아왔어요. 먼저 와 있던 수컷은 새로 나타난 수컷을 보자마자 공격을 해요. 수컷 한 마리가 나무 아래로 떨어질 때까지 수컷들은 계속 싸워요. 수컷들은 왜 싸울까요? 물론 나뭇진을 더 먹기 위해 싸우기도 하지만, 가장 큰 이유는 암컷과 짝짓기를 하려고 다른 수컷을 쫓아내는 거예요. 왜냐하면 나뭇진에는 사슴벌레 암컷이 진을 먹으러 오거든요.

▲큰턱으로 싸우는 넓적사슴벌레 수컷들
큰턱으로 집어서 나무 아래로 던져 버려요.

▲힘겨루기를 하고 있는 넓적사슴벌레 수컷과 왕사슴벌레 수컷

▶ **팽팽한 대결**
넓적사슴벌레 수컷들이 나뭇진을 독차지하기 위해 싸우고 있어요.

◀ **톱사슴벌레 Vs 넓적사슴벌레**
힘이 센 넓적사슴벌레가 큰턱으로 톱사슴벌레를 집어서 나무 아래로 던져요.

3장 · 큰턱 사슴벌레

사슴벌레의 짝짓기

싸움에서 이긴 수컷만이 암컷과 짝짓기를 할 수 있어요.
수컷은 암컷이 나뭇진을 먹고 있을 때, 암컷에게 다가가요.
수컷은 암컷의 등 위로 올라가서 짝짓기를 하려고 해요.
그러나 암컷은 자꾸 도망가려고 해요. 이에 수컷은
큰턱으로 암컷을 도망가지 못하게 가로막아요.
그리고 암컷의 등 위로 올라가서 짝짓기를 해요.
수컷은 여름 동안에 여러 암컷과 짝짓기를 하지요.

▲사슴벌레의 짝짓기
넓적사슴벌레 암컷, 수컷이 꽁무니를 붙이고 짝짓기를 해요.

▶사슴벌레
　수컷과 암컷의
　짝짓기

3장 · 큰턱 사슴벌레

사슴벌레의 알낳기

여름이 끝나갈 무렵, 짝짓기를 마친 사슴벌레 수컷은
죽어서 하나둘씩 나무 밑으로 떨어져요. 그러나 암컷은
알을 낳기 위해 썩은 참나무를 찾아다녀요.
알에서 깨어난 애벌레가 썩은 참나무를 먹고 살기
때문이에요. 우선 암컷은 큰턱으로 나무껍질을 갉아서
구멍을 뚫고, 그 구멍에 배 끝을 밀어넣어 알을 낳아요.
알을 다 낳으면 나무 부스러기로 구멍을 덮어
알이 보이지 않게 해요.

▼죽어서 떨어진 수컷 사슴벌레
짝짓기를 마친 수컷은 서서히 죽어 가요.

▲보금자리 만들기 넓적사슴벌레 암컷이 알을 낳기 위해 나무껍질을 파 구멍을 내요.

▼알낳기 구멍 속에 배를 집어넣고 알을 낳고 있어요.

사슴벌레의 성장 1(알~애벌레)

3장 · 큰턱 사슴벌레

암컷은 썩은 참나무 여기저기에 알을 낳아요.
구멍 하나에 알 한 개씩, 모두 20~30개의 알을 낳지요.
그래서 나무껍질 곳곳에는 알을 낳은 흔적이 남아 있어요.
암컷은 알 낳는 일을 마치면 죽어서 나무 밑으로 떨어져요.
암컷이 낳은 알이 15일쯤 지나면, 알껍질이 깨지면서
예쁜 애벌레가 태어나요.
갓 깨어난 애벌레는 몸이 단단해질 때까지 꼼짝 않고
있어요. 그러다 몸이 굳어지면 알껍질을 먹어요.

▲나무 속에 낳은 사슴벌레의 알
알 크기는 2~3mm정도예요.

▲애벌레 알껍질이 깨지고 애벌레가 나와요.

알껍질에는 애벌레에게 필요한 영양분이 들어 있거든요. 그리고 애벌레는 하루가 지나면서 썩은 나무를 갉아 먹기 시작해요. 이제 썩은 나무 속에서 오랜 애벌레 생활을 시작할 거예요.

▼나무 속에 굴을 파고 사는 애벌레. 썩은 나무를 갉아 먹으며 자라나요.

3장 · 큰턱 사슴벌레

사슴벌레 애벌레는 먹고 남은 나무 찌꺼기로 입구를
막아 개미와 같은 천적이 침입하지 못하게 해요.
또 입구를 막으면 추위도 피할 수 있어요.
애벌레는 썩은 나무 속에서 허물을 한 번 벗고
2령 애벌레로 자라나요. 몸길이가 3~4cm정도 되는
2령 애벌레는 다시 한 번 허물을 벗고 3령 애벌레가
되어요. 몸길이가 7~8cm정도 되는 3령 애벌레는
몸이 다 자란 애벌레예요.

▼참나무 속 사슴벌레 애벌레
애벌레는 썩은 나무를 파먹으며 뿌리까지 내려가요.

▲사슴벌레 애벌레의 큰턱
큰턱이 날카롭고 튼튼해서 나무를 잘 팔 수 있어요.

▼사슴벌레 애벌레 모습
애벌레가 어른벌레가 되려면 2~4년 정도 걸려요.

사슴벌레의 성장 2(애벌레~번데기)

추운 겨울이 되자 참나무 숲에는 앙상한 가지만 남았어요. 하지만 사슴벌레의 애벌레는 추위를 피할 수 있는 나무 속에서 살기 때문에 아무 걱정 없어요. 6월이 되자, 애벌레는 나무 속의 번데기방에 누워서 꼼짝도 하지 않아요. 시간이 갈수록 애벌레의 몸이 쭈글쭈글해져요. 이제 곧 허물을 벗고 번데기로 탈바꿈할 거예요. 마침내 꼼짝 않던 애벌레가 갑자기 몸을 꿈틀거리기 시작하더니, 애벌레의 등이 갈라지며 하얀 번데기가 나와요. 허물 속에서 나온 것은 큰턱이 긴 수컷 번데기예요.

▲눈이 내리는 참나무 숲

▲땅속 뿌리 속에서 겨울을 나는 사슴벌레 애벌레

▲나무 줄기 속에서 겨울을 나는 사슴벌레 애벌레

▶ **애벌레의 탈바꿈 1**
3령 애벌레가 번데기 방에 누워 있어요.

◀ **애벌레의 탈바꿈 2**
허물이 찢어지며 번데기의 머리 부분이 나와요.

▶ **애벌레의 탈바꿈 3**
번데기의 큰턱 부분이 나와요.

◀ **애벌레의 탈바꿈 4**
번데기의 배 부분이 나와요.

▶ **애벌레의 탈바꿈 5**
물을 완전히 벗고 데기가 되었어요.

◀ **애벌레의 탈바꿈 6**
어른벌레의 모습을 닮았어요.

89

사슴벌레의 성장 3 (번데기~어른벌레)

번데기가 된 지 20일째, 날개돋이가 시작되었어요.
번데기의 등이 갈라지면서 사슴벌레가 나오지요.
머리, 가슴, 배 부분이 차례대로 허물 속에서 빠져나와요.
드디어 큰턱이 멋진 사슴벌레가 태어났어요.
날개돋이를 마친 사슴벌레는 번데기방에서 2주일 정도
보낸 후 밖으로 나와요.
이제 사슴벌레는 참나무
숲을 날아다닐 거예요.

◀번데기의
  날개돋이 1
  번데기는
  20일이 지나야
  어른벌레가
  되어요.

▶번데기의
  날개돋이 2
  번데기는
  시간이 갈수록
  짙은 갈색으로
  변해요.

◀번데기의
  날개돋이 3
  등쪽 허물이
  갈라지며
  어른벌레의 머리
  부분이 나와요.

▶번데기의 날개돋이 4
허물 속에서 어른벌레의 머리, 다리, 배 부분이 나와요.

◀번데기의 날개돋이 5
허물 벗기를 끝내고 날개를 말리고 있어요.

▶번데기의 날개돋이 6
큰턱이 펴지고 몸 빛깔이 점점 진해져요.

◀번데기의 날개돋이 7
시간이 지나 톱사슴벌레의 몸이 갈색으로 변했어요.

▲톱사슴벌레 암컷 번데기

▲톱사슴벌레 암컷

◀톱사슴벌레 수컷

사슴벌레의 종류

큰턱이 멋지게 생긴 사슴벌레는 전 세계에 1,100여 종류나 살고 있어요. 이 가운데서 우리나라에 살고 있는 사슴벌레는 17종류예요. 세계의 사슴벌레는 대부분 더운 열대지방의 활엽수가 많은 정글에 살아요.
큰턱 모양이 다양한 세계 사슴벌레들을 만나 볼까요?

▼메탈리퍼가위사슴벌레 수컷과 암컷

▲톱사슴벌레 수컷

▲사슴벌레 수컷과 암컷

▲넓적사슴벌레 수컷

▶다우리아사슴벌레 수컷

▲다우리아사슴벌레 수컷

▲타란두스광사슴벌레 암컷과 수컷

▶기라파톱사슴벌레 수컷

▲기라파톱사슴벌레 수컷

3장 · 큰턱 사슴벌레

우리나라의 사슴벌레

왕사슴벌레

사슴벌레 중에서 가장 오래 사는 종이에요. 수컷의 큰턱은 크고 튼튼하며 둥근 형태로 안쪽으로 구부러져 있는데, 안쪽에 1개의 큰 이빨만 있어요. 또 암컷의 앞날개에는 작은 점이 파여 만들어진 세로줄이 8~10개 정도 있답니다.

학명: Dorcus hopei
크기: 수컷 24~75mm
　　　암컷 23~45mm
색깔: 검은색
수명: 1~3년
분포: 한국, 일본, 중국

▼**왕사슴벌레 암컷** 몸전체가 뚱뚱한 타원형으로 검정 광택을 띠어요.

▲왕사슴벌레 수컷
우리나라에서 가장 인기 있는 사슴벌레로 썩은 참나무 윗부분에 살아요.

3장 · 큰턱 사슴벌레

우리나라의 사슴벌레

넓적사슴벌레

학명: Dorcus titanus castanicolor
크기: 수컷 30~80mm
　　　암컷 22~45mm
색깔: 광택 있는 검은색
수명: 1~2년
분포: 한국, 일본, 대만, 중국

우리나라 참나무 숲에서 가장 쉽게 볼 수 있는 사슴벌레예요. 그리고 우리나라에서 가장 크기가 큰 사슴벌레이기도 해요. 밤에 참나무에 와서 진을 빨거나 과일밭에 과일즙을 빨아 먹어요. 암컷은 죽은 참나무 뿌리나 땅에 있는 썩은 참나무에 알을 낳아요. 시골 마을 주변의 참나무 숲에서 5~9월에 볼 수 있어요.

▲넓적사슴벌레 수컷

◀우리나라 최대 사슴벌레
우리나라에서 가장 큰 넓적사슴벌레 수컷이에요.

▲ 넓적사슴벌레 암컷과 수컷 사이좋게 나뭇진을 빨고 있어요.

▼ 참나무 구멍에서 나오는 넓적사슴벌레 암컷 암컷은 큰턱이 아주 작아요.

애사슴벌레

몸집이 작고 귀여운 사슴벌레예요. 애사슴벌레는 겨울이 오면 썩은 참나무 속에서 겨울을 나요. 우리나라 참나무 숲이나 잡목림에서 5~10월에 쉽게 볼 수 있어요.

학명: Macrodorcas rectus
크기: 수컷 22~55mm
      암컷 20~32mm
색깔: 광택이 적은 검은색
수명: 1~2년
분포: 한국, 일본, 중국

▲애사슴벌레 수컷과 암컷

▶애사슴벌레 수컷
우리나라 참나무 숲에서 쉽게 볼 수 있는 사슴벌레예요.

◀귀여운 애사슴벌레
몸집이 작고 앙증맞아요.

톱사슴벌레

학명: Prosopocoilus inclinatus
크기: 수컷 27~70mm
     암컷 25~36mm
색깔: 붉은빛 또는 검은빛이 도는 갈색
수명: 3~6개월
분포: 한국, 일본, 중국 동북부

톱사슴벌레는 사슴벌레 중에서 성격이 가장 급하고 사나워요. 특히 수컷은 톱처럼 생긴 큰턱을 가지고 있어 적이 나타나면 턱으로 위협해 자신을 보호하지요. 톱사슴벌레는 전국적으로 골고루 분포되어 있으며, 특히 졸참나무 숲에서 많이 볼 수 있어요.

◀톱사슴벌레 수컷

▶톱처럼 생긴 큰턱

▲사나운 톱사슴벌레 생김새가 특이하고 성격이 매우 난폭해요.

사슴벌레

학명: Lucanus maculifemoratus
크기: 수컷 40~68mm
    암컷 25~42mm
색깔: 적갈색, 흑갈색
수명: 2~3개월
분포: 한국, 일본, 중국, 헤이룽강

강원도 산지의 참나무 숲이나 남쪽지방의 높은 산에서 6~9월에 볼 수 있어요. 밤에는 불빛에 잘 날아오므로 산 주변 가로등에서도 볼 수 있어요. 큰턱이 작은 암컷은 몸이 황금빛 잔털로 덮여 있어서 다른 사슴벌레 암컷과 쉽게 구별되지요.

▲사슴벌레 수컷과 암컷

◀투구를 쓴 사슴벌레
머리에 투구를 쓴 모양 때문에 예전에는 '투구사슴벌레'라고도 불렸어요.

홍다리사슴벌레

학명: Nipponodorcus rubrofemoratus
크기: 수컷 24~57mm
    암컷 25~37mm
색깔: 검은색
수명: 1~2년
분포: 한국, 일본, 대만, 미얀마

다리가 붉은색이라 '홍다리사슴벌레' 라는 이름이 붙었어요. 산지에 있는 버드나무류의 나뭇진에 모이며 밤에는 불빛에 날아들지요. 또한 6~9월에 걸쳐 활동하며, 암컷은 죽은 참나무류, 뽕나무 등에 알을 낳아요. 암컷과 수컷 모두 넓적다리가 붉은색이에요.

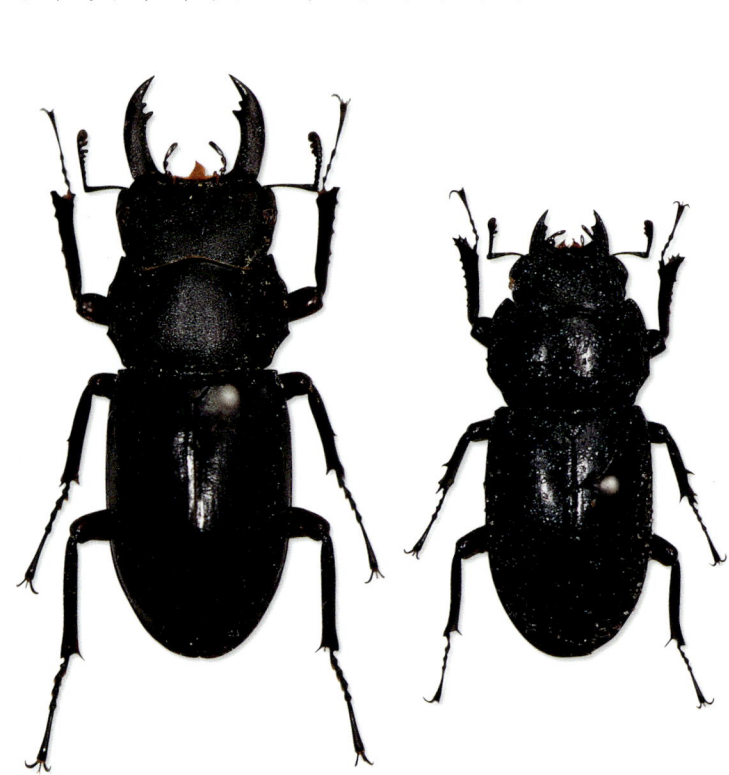

▲홍다리사슴벌레 수컷과 암컷

▼화려한 다리를 가진 홍다리사슴벌레
홍다리사슴벌레를 뒤집어 보면 붉은색의 넓적다리를 확인할 수 있어요.

다우리아사슴벌레

학명: *Prismognathus dauricus*
크기: 수컷 20~39mm
　　　암컷 20~25mm
색깔: 금속 광택이 나는 짙은 적갈색
수명: 1개월
분포: 한국, 일본, 중국, 시베리아

수컷의 큰턱은 앞으로 향해 있으며 위 끝부분에서 두 갈래로 갈라져 있어요. 다른 종류의 사슴벌레에 비해 앞날개가 딱딱하지 않은 편이에요. 어른벌레는 1개월 정도밖에 못 살기 때문에 쉽게 볼 수 없어요.

◀다우리아사슴벌레 수컷

▶다우리아사슴벌레의 큰턱

▶수명이 짧고 늦여름에 활동하는 다우리아사슴벌레

▼다우리아사슴벌레의 애벌레
썩은 떡갈나무에 살아요.

두점박이사슴벌레

학명: Prosopocoilus blanchardi Parry
크기: 수컷 45~65mm
　　　암컷 28~39mm
색깔: 밝은 황갈색이었다가
　　　어두운 황갈색으로 변함.
분포: 한국(제주도), 중국, 대만

두점박이사슴벌레는 가슴 양쪽에 두 개의 점이 대칭으로 있어서 이러한 이름이 붙여졌어요. 사슴벌레 중 가장 희귀한 사슴벌레로 우리나라 제주도를 비롯하여 중국, 대만의 일부 지역에만 서식하지요. 우리나라에서는 환경부에서 정한 법적 보호종으로 보호받고 있어요.

▲점이 있는 두점박이사슴벌레
암수 모두 앞가슴등판 양쪽에 검은 반점이 있어요.

▼두점박이사슴벌레 수컷

◀두점박이사슴벌레 암컷

참넓적사슴벌레

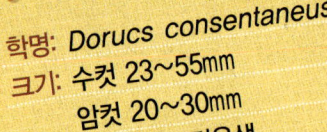

학명: *Dorucs consentaneus*
크기: 수컷 23~55mm
     암컷 20~30mm
색깔: 광택 있는 검은색
수명: 1~2년
분포: 한국, 일본(대마도), 중국

참넓적사슴벌레는 넓적사슴벌레와 아주 비슷하게 생겼지만, 자세히 보면 턱의 모양이 달라요.
또 참넓적사슴벌레 수컷의 뒷다리 종아리마디에는 가시돌기가 없지만 넓적사슴벌레는 가시돌기가 있지요.

▼ 참넓적사슴벌레 수컷

▼ 참넓적사슴벌레의 뒷다리
참넓적사슴벌레 수컷의 뒷다리에는 가시돌기가 없어요.

원표애비단사슴벌레

학명: Platycerus hongwonpyoi
크기: 수컷 8~14mm
    암컷 8~12mm
색깔: 수컷 푸른 녹색 광택,
    암컷 구리색 광택
수명: 1개월   분포: 한국

녹색 광택이 나는 아름다운 사슴벌레예요. 보통 우리가 알고 있는 사슴벌레랑 다르게 생겼지요. 봄에 나무의 새순에서 즙을 빨아 먹어요. 높은 산의 잡목림(여러 종류의 활엽수가 자라는 숲)에서 5~6월에 볼 수 있지만 아주 작은 사슴벌레라 찾기 힘들답니다.

▲원표애비단사슴벌레 암컷

▲원표애비단사슴벌레 수컷

기라파톱사슴벌레

학명: *Prosopocoilus giraffa*
크기: 수컷 35~123mm
      암컷 31~56mm
색깔: 광택 있는 검은색
수명: 6~7개월
분포: 인도네시아, 말레이시아, 태국, 필리핀

기라파톱사슴벌레는 세계에서 가장 길이가 긴 사슴벌레예요. 몸의 길이가 길어서 기라파(giraffa: 라틴어로 기린)라는 이름이 붙었나 봐요. 특히 인도네시아에 사는 수컷 중에 길이가 무려 123mm의 사슴벌레도 발견되었다고 해요. 인도네시아, 말레이시아 등지에 서식하지요.

▲기라파톱사슴벌레 수컷

▲날개를 편 기라파톱사슴벌레 수컷

▲기라파톱사슴벌레의 큰턱   ▲최고의 길이를 자랑하는 기라파톱사슴벌레
전 세계 사슴벌레 중 길이가 가장 길어요.

◀기라파톱사슴벌레의 옆모습

3장 · 큰턱 사슴벌레

세계의 사슴벌레

로젠버기황금사슴벌레

학명: *Allotopus rosenbergi*
크기: 수컷 43~80mm
　　　암컷 42~52mm
색깔: 황금색
수명: 3~6개월
분포: 인도네시아

▲로젠버기 황금사슴벌레 수컷

몸 빛깔이 황금색인 로젠버기황금사슴벌레는 인도네시아에 사는 아름답고 희귀한 사슴벌레예요. 이 사슴벌레는 몸이 젖어 있을 때는 검은색을 띠지만 몸이 마르면 황금색으로 변해요. 몸이 긁히면 황금색이 벗겨지면서 검정색이 드러나게 된답니다.

▼로젠버기황금사슴벌레의 옆모습 눈과 다리만 빼고 모두 황금색이에요.

▼황금색으로 뒤덮인 로젠버기황금사슴벌레
온몸이 멋진 황금색으로 뒤덮여 있어 눈이 부셔요.

▼로젠버기황금사슴벌레 수컷의 큰턱
황금빛으로 웅장하고 멋진 큰턱을 가졌어요.

3장 · 큰턱 사슴벌레

세계의 사슴벌레

타란두스광사슴벌레

학명: *Mesotopus tarandus*
크기: 수컷 60~92mm
     암컷 40~54mm
색깔: 광택이 나는 검은색
수명: 1~2년
분포: 아프리카

타란두스광사슴벌레는 아프리카를 대표하는 사슴벌레예요. 이 사슴벌레는 잘 닦여진 검정색 구두처럼 온몸이 광택으로 번쩍거려요. 사슴벌레 중 가장 번쩍거리는 광택을 자랑한답니다.

▶ 타란두스광사슴벌레 암컷과 수컷

▲ 타란두스광사슴벌레 수컷의 앞모습

▲ 타란두스광사슴벌레 수컷의 옆모습

▲ 타란두스광사슴벌레 암컷의 옆모습

▲아프리카의 대표적인 사슴벌레
타란두스광사슴벌레

▼타란두스광사슴벌레의 큰턱

▲번쩍번쩍 빛나는
타란두스광사슴벌레

람프리마사슴벌레

학명: Lamprima adolphinae
크기: 수컷 23~50mm
      암컷 22~24mm
색깔: 녹색, 금색, 붉은색 등 다양한 색을 띰
수명: 2~4개월
분포: 인도네시아, 파푸아뉴기니

인도네시아, 파푸아뉴기니에 사는 람프리마사슴벌레는 녹색, 금색, 붉은색, 파란색 등 개체에 따라 색의 변화가 매우 다양해서 인기가 많답니다. 특히 암컷은 수컷보다 색이 다양하고 밝은 금속성 광택을 낸답니다.

▶람프리마사슴벌레 암컷과 수컷

◀람프리마사슴벌레 수컷의 옆모습

▼다양한 색을 뽐내는
람프리마사슴벌레 수컷

▼람프리마사슴벌레 수컷의 큰턱

뮬엘러리사슴벌레

학명: Phalacrognathus muelleri
크기: 수컷 37~70mm
　　　암컷 26~35mm
색깔: 무지개 빛 광택
수명: 1~2년
분포: 오스트레일리아 북부

오스트레일리아에 사는 뮬엘러리사슴벌레는 람프리마사슴벌레 못지 않게 매우 아름다워요. 뮬엘러리사슴벌레는 빛을 받는 각도에 따라 여러 가지 색을 띠기 때문에 '무지개사슴벌레' 라고도 불린답니다. 그래서 세계에서 가장 아름다운 사슴벌레로 인정받고 있어요. 하지만 개체수가 적은 편이랍니다.

▲뮬엘러리사슴벌레 수컷

▼뮬엘러리사슴벌레 수컷과 암컷

▲세계에서 가장 아름다운
뮤엘러리사슴벌레 수컷과 암컷

▼화려한 빛깔의
뮤엘러리사슴벌레
수컷

▼뮤엘러리사슴벌레
수컷의 옆모습

메탈리퍼가위사슴벌레

학명: Cyclommatus metallifer
크기: 수컷 27~100mm
　　　　암컷 24~27mm
색깔: 구리빛 금속 광택
수명: 3~6개월
분포: 인도네시아

큰턱 모양이 가위처럼 생긴 메탈리퍼가위사슴벌레는 인도네시아에 사는 사슴벌레예요. 이 사슴벌레 수컷의 큰턱 길이는 몸의 길이와 비슷할 정도로 길답니다. 또한 다른 사슴벌레에 비해 하늘을 나는 비행 실력이 뛰어나며, 밤에 활동하는 다른 사슴벌레와 달리 낮에 활동한답니다.

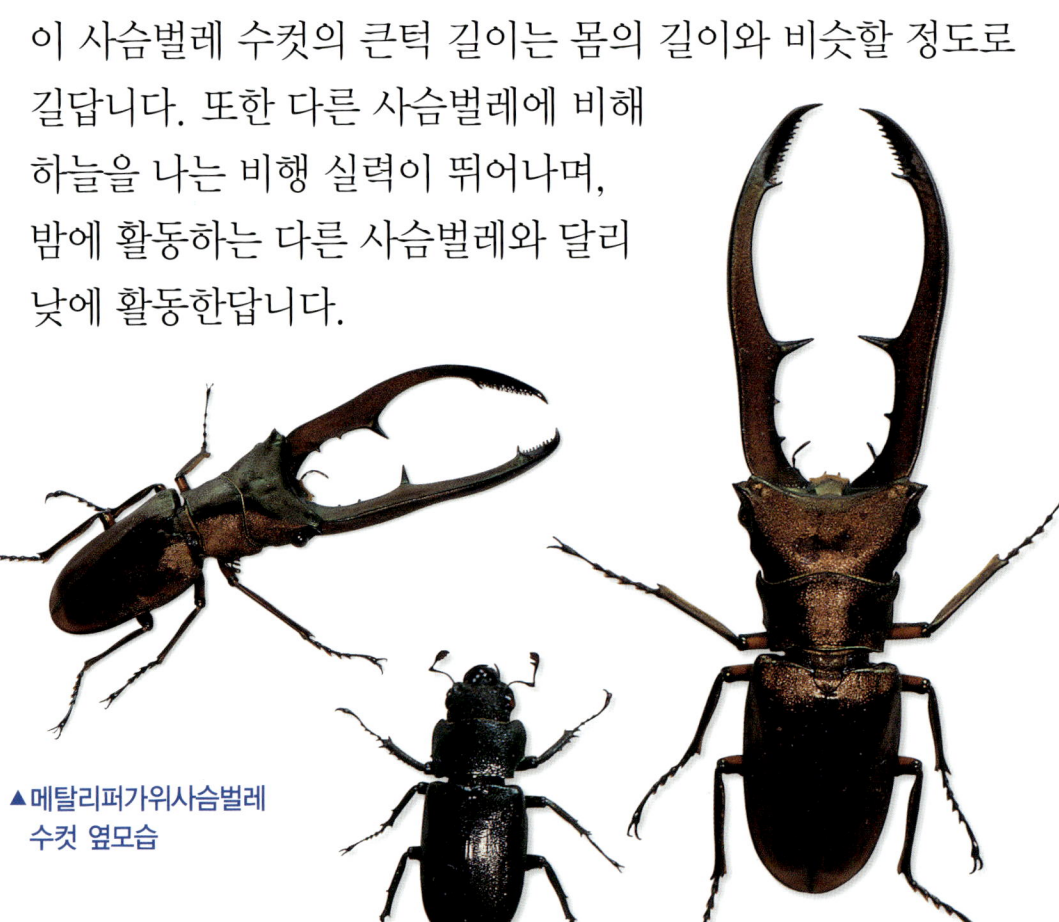

▲메탈리퍼가위사슴벌레 수컷 옆모습

▲메탈리퍼가위사슴벌레 암컷과 수컷

▼ 가위처럼 생긴 큰턱
수컷의 큰턱 길이는 몸길이와 비슷해요.

3장 · 큰턱 사슴벌레

세계의 사슴벌레

패리큰턱사슴벌레

학명: Hexarthrius parryi
크기: 수컷 48~98mm
     암컷 40~50mm
색깔: 검은색(수컷 앞날개 일부분은 적갈색)
수명: 3~6개월
분포: 인도네시아, 말레이시아, 태국, 미얀마

패리큰턱사슴벌레는 아시아 대륙의 열대지역인 인도네시아, 말레이시아, 태국, 미얀마 등지에 사는 사슴벌레예요. 이 사슴벌레의 수컷은 세계 사슴벌레들 가운데서 가장 성격이 난폭하고 싸움을 잘하기로 소문나 있어요. 또한 굵게 발달한 큰턱과 앞날개의 붉은 반점이 특징이랍니다.

▲패리큰턱사슴벌레 수컷 앞날개의 붉은 반점이 눈에 띄어

▼패리큰턱사슴벌레 수컷의 앞모습

▼ 난폭한 패리큰턱사슴벌레
패리큰턱사슴벌레는 성격이
매우 난폭해요.

호페이왕사슴벌레

학명: Dorcus hopei hopei
크기: 수컷 23~78mm
      암컷 28~48mm
색깔: 검은색
수명: 1~3년
분포: 중국 남부

중국에 사는 호페이왕사슴벌레는 암수 모두 우리나라에서 가장 인기 있는 왕사슴벌레와 아주 비슷하게 생겼어요. 또한 사는 곳이나 먹이도 왕사슴벌레와 거의 비슷하답니다.

◀호페이왕사슴벌레 수컷의 앞모습

▲호페이왕사슴벌레 암컷의 옆 모습

▲호페이왕사슴벌레 암컷과 수컷

▼호페이왕사슴벌레 암컷　　▼호페이왕사슴벌레 수컷의 큰턱

▶왕사슴벌레와 닮은 호페이왕사슴벌레

부세팔루스왕넓적사슴벌레

학명:	Dorcus bucephalus
크기:	수컷 45~90mm 암컷 38~48mm
색깔:	검은색
수명:	1~2년
분포:	인도네시아

부세팔루스왕넓적사슴벌레는 황소뿔처럼 생긴 큰턱이 특징이에요. 굵고 우람한 큰턱이 끝으로 갈수록 안쪽으로 강하게 휘어 있지요. 매우 희귀한 사슴벌레로, 인도네시아의 자바 섬과 수마트라 섬 등지에 서식하고 있어요.

◀부세팔루스왕넓적사슴벌레 수컷

▲성난 황소처럼 생긴 부세팔루스왕넓적사슴벌레 수컷

3장 · 큰턱 사슴벌레 — 세계의 사슴벌레

▼부세팔루스왕넓적사슴벌레 수컷의 큰턱
큰턱의 모양이 안으로 강하게 휘었어요.

▼부세팔루스왕넓적사슴벌레 수컷
우리나라 넓적사슴벌레와 닮았지만 큰턱의 모양이 달라요.

▲줄타기를 잘하는 장수풍뎅이

▲장수풍뎅이 애벌레를 관찰하는 어린이
장수풍뎅이 애벌레를 채집해서 관찰하고 있어요.

▲밤이 되어 참나무에 올라가는 장수풍뎅이

4장

채집하고 키우기

곤충을 채집하기 위해서는 그 곤충이 사는
장소, 활동시기, 생태를 알아야 해요.
참나무 숲에 가서 직접 사슴벌레와 장수풍뎅이를
채집하는 것은 아주 흥미진진한 일이에요.
또 채집한 곤충을 정성스레 기르며 관찰하면,
곤충의 자라는 모습을 실제로 볼 수 있어서
생명의 신비로움을 흠뻑 느낄 수 있어요.
살아 있는 생명을 사랑하며 기르는 일은 아주
소중한 자연 공부이기도 해요.

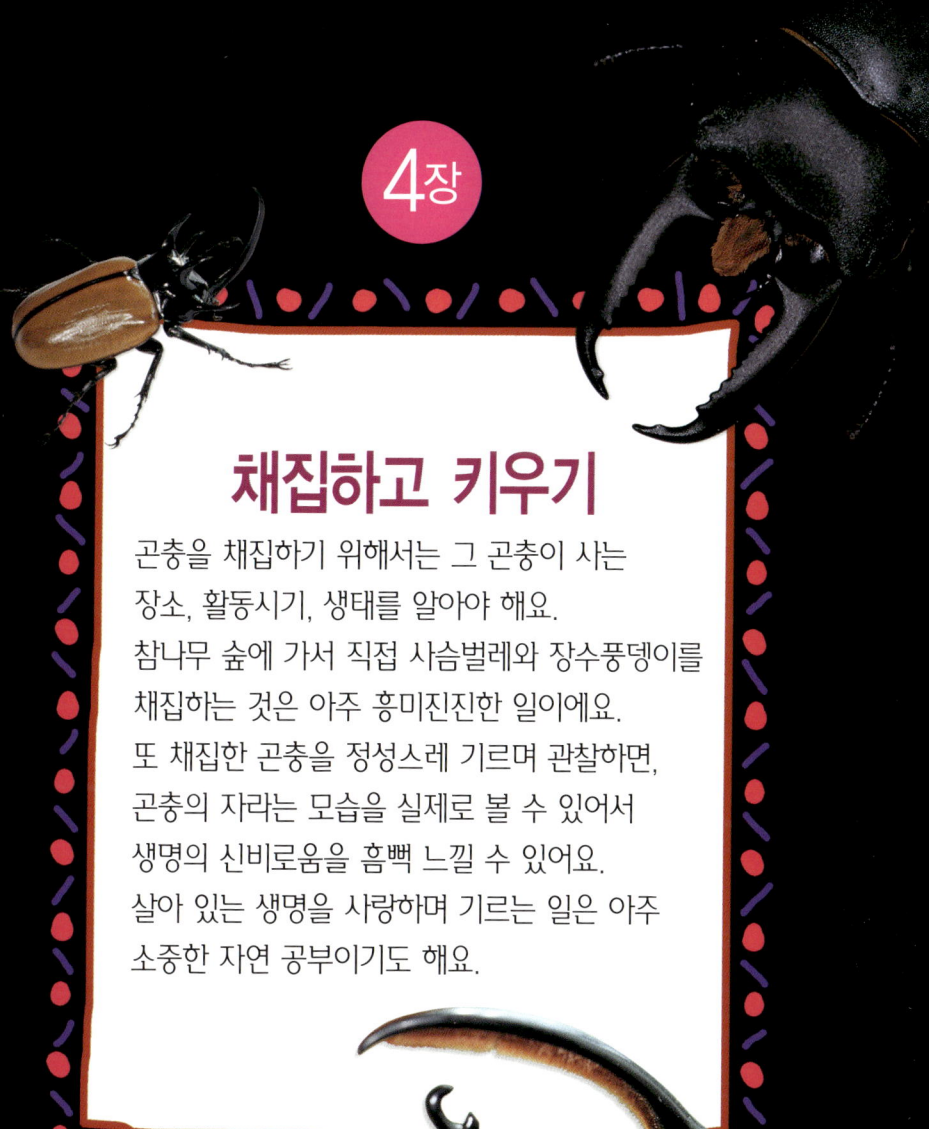

4장 · 채집하고 키우기

어른벌레 채집하기

신나는 여름방학이 되면, 주변에 있는 참나무 숲에서 사슴벌레와 장수풍뎅이를 채집해 보아요.

● 채집 지역

시골 참나무 숲의 넓적사슴벌레와 장수풍뎅이
사슴벌레는 우리나라의 모든 지역에 살아요.

장수풍뎅이 수컷
장수풍뎅이는 따뜻한 남쪽 지방에 가야 볼 수 있어요.

● 채집 시기

▲ 넓적사슴벌레
5~9월에 참나무 숲에서 볼 수 있어요.

▲ 톱사슴벌레
6~9월에 참나뭇진이 있는 곳에서 볼 수 있어요.

▲ 장수풍뎅이
7월 중순~8월 중순에 가장 활발하게 활동해요.

●채집 방법

-낮: 나뭇진이 흐르는 나무를 찾아 나무 밑동의 낙엽 속이나 흙 속을 잘 뒤져 보세요. 사슴벌레와 장수풍뎅이가 쉬고 있을지도 몰라요.

참나무 틈 사이에서 나오는 참넓적사슴벌레 사슴벌레는 낮에 나무 틈이나 구멍에 숨어 있어요.

부엽토 속에서 나오는 장수풍뎅이 장수풍뎅이는 낮에 낙엽 속이나 부엽토 속에 숨어 있어요.

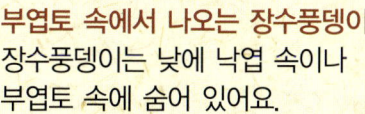

-밤: 낮에 나뭇진이 흐르는 나무를 잘 기억해 두었다가 해가 지면 손전등을 들고 찾아가 봐요. 장수풍뎅이와 사슴벌레는 밤에 불빛을 향해 날아가는 습성이 있기 때문에 참나무 숲 주변에 있는 가로등이나 등불 밑에서도 찾을 수 있어요.

참나뭇진을 먹고 있는 장수풍뎅이 보통 밤 8~11시에 활발하게 활동해요.

4장 · 채집하고 키우기

애벌레 채집하기

애벌레 채집은 겨울이나 초봄에 하는 것이 좋아요. 이 기간에는 썩은 참나무를 찾기가 쉬워요.

● **사슴벌레 애벌레 채집**

썩은 참나무를 주워서 조그만 손도끼로 쪼개 보세요. 애벌레를 발견하면 핀셋으로 집어서 채집통에 넣고, 쪼갠 참나무 부스러기를 함께 넣어 가지고 오세요. 애벌레는 한동안 썩은 참나무 부스러기를 먹으며 살 수 있어요.

땅 밑 썩은 뿌리 속에 살고 있는 사슴벌레 애벌레
썩은 참나무를 먹은 흔적을 따라가면 애벌레를 찾을 수 있어요.

썩은 참나무 속의 사슴벌레 애벌레들
썩은 참나무 속에 애벌레들이 나란히 누워 있어요.

● 장수풍뎅이 애벌레 채집

참나무 숲의 부엽토 속, 참나무 숲 주변 농가 마을의 퇴비를 쌓아 둔 곳을 찾아 보세요. 장수풍뎅이 애벌레를 채집했다면, 채집통에 부엽토를 3분의 1 정도 깐 다음, 애벌레를 넣어 가지고 오세요.

장수풍뎅이 애벌레들
장수풍뎅이 애벌레가 살고 있는 곳을 발견했다면, 그곳에서 여러 마리의 애벌레를 채집할 수 있을 거예요.

장수풍뎅이 3령 애벌레
크기는 70~100mm 정도 돼요.

장수풍뎅이 1령 애벌레
크기는 약 8mm 정도 돼요.

기르기에 필요한 사육용품들

장수풍뎅이와 사슴벌레를 기르기 위해서는 곤충전문점에서 사육용품을 구입하는 것이 편리해요. 주요 사육용품에는 어떤 것이 있는지 알아보아요.

사육통:
곤충을 키우는 플라스틱통이에요.
소, 중, 대로 3종류의 크기가 있어요.

비닐방충망:
사육통 내의 수분 증발을 막아 주고
초파리가 들어오는 것도 막아 줘요.

사육용 매트:
발효톱밥으로 사슴벌레 애벌레와 장수풍뎅이 애벌레의 먹이예요.

산란목:
사슴벌레가 알을 낳는 나무예요. 썩은 참나무 토막이라 생각하면 돼요. 산란목은 하루 전에 2~3시간 물에 담궈 수분이 충분히 배어 있어야 해요.

곤충젤리와 먹이 접시:
곤충젤리는 사슴벌레와 장수풍뎅이의 먹이예요. 먹이 접시는 곤충젤리를 넣을 수 있는 용품이며, 놀이목 역할도 하지요.

장수풍뎅이 기르기

● 어른벌레 기르기

우선 사육통에 촉촉히 젖은 발효톱밥을 10cm이상 깔아 준 다음, 그 위에 곤충젤리를 꽂은 먹이 접시와 놀이목을 넣어 주세요. 그리고 장수풍뎅이를 넣고 뚜껑을 닫으면 돼요.

▲사육통 안의 장수풍뎅이
먹이 접시 위에 있는
곤충젤리를 먹고 있어요.

▲장수풍뎅이 암컷과 수컷
암수 1쌍을 같이
기르는 것이 좋아요.

▲장수풍뎅이 수컷
과일을 많이 먹어 가끔
설사를 하는 경우도 있어요.

장수풍뎅이 1쌍을 기른 지 약 한 달 후면, 사육통 속에서 여러 개의 알과 1령 애벌레를 발견할 수 있을 거예요.

▲발효톱밥 속에 낳은
장수풍뎅이의 알(약 3mm정도 크기)
장수풍뎅이는 수명이 짧아 사육통에서
2개월 정도 사는데, 그동안
짝짓기도 하고 알도 낳아요.

● 애벌레 기르기

1령 애벌레나 2령 애벌레는 사육통에 여러 마리 길러도 돼요. 하지만 3령 애벌레는 덩치도 크고 먹이 활동도 활발하여 다른 사육통에 옮겨야 해요. 3령 애벌레를 기를 사육통에는 수분 증발을 막는 비닐방충망을 씌우세요.

장수풍뎅이 3령 애벌레
애벌레의 배설물이 톱밥의 반 정도를 차지하게 되면 새로운 톱밥으로 바꾸어 줘야 해요.

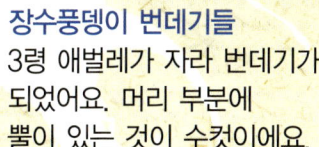

장수풍뎅이 번데기들
3령 애벌레가 자라 번데기가 되었어요. 머리 부분에 뿔이 있는 것이 수컷이에요.

★ 주의사항 ★
· 사육통은 직사광선을 피해 그늘에 두세요. 15~25도의 따뜻한 실내에 두어요.
· 항상 발효톱밥의 수분 상태를 유지하는 거예요. 톱밥이 건조하면 가끔 분무기로 물을 뿌려 주세요.

사슴벌레 기르기

4장 · 채집하고 키우기

● 어른벌레 기르기

사육통에 촉촉한 발효톱밥을 4cm 정도 깔고, 그 위에 곤충젤리를 꽂은 먹이 접시와 산란목을 넣어 줍니다. 사슴벌레의 놀이목과 낙엽도 넣어 줍니다. 모든 준비가 끝나면 사슴벌레 암수 한 쌍을 넣은 후 뚜껑을 닫습니다.

▲ 넓적사슴벌레 수컷과 암컷 1쌍을 길러야만 짝짓기도 하고 알도 낳을 수 있어요.

▲ 넓적사슴벌레를 채집하여 관찰하는 어린이

▲ 넓적사슴벌레와 참넓적사슴벌레 바나나, 사과, 복숭아 같은 과일도 잘 먹어요.

사슴벌레 암수 1쌍은 짝짓기도 하고, 산란목에 알도 낳아요. 사슴벌레를 기른 지 약 3개월 정도 지나면 사육통 안에서 애벌레를 찾을 수 있을 거예요.

▲ 산란목에 낳은 사슴벌레의 알

●애벌레 기르기

유리병이나 곤충전문점에서 판매하는 애벌레 사육통에 넣고 길러 보세요. 애벌레를 사육병에 넣을 때는 톱밥에 손가락으로 구멍을 파고 애벌레를 넣으면 돼요.
애벌레의 배설물이 많아지면 새 톱밥으로 갈아 주세요.

▲유리병에서 기르는 사슴벌레 애벌레
사슴벌레 애벌레는 유리병에 발효톱밥을 넣고 한 마리씩 키워야 해요. 왜냐하면 사슴벌레 애벌레들은 자기영역을 차지하려고 서로 물어 죽이는 경우가 많기 때문이에요.

★ 주의사항 ★
· 사슴벌레는 건조한 것을 싫어해요. 하루에 한두 번씩 분무기로 물을 뿌려 주세요.
· 사슴벌레는 곤충젤리 외에도 복숭아, 수박, 참외, 바나나 같은 과일도 즐겨먹어요. 하지만 과일을 많이 먹을 경우 배탈이 나서 설사하는 경우도 있어요.
· 사육통에 곰팡이가 생기지 않도록 자주 청소를 해 주세요.

▲곤충의 천적 거미
불짜게거미가 칠성무당벌레의 체액을 빨아 먹어요.

▲뛰어난 사냥꾼 왕파리매
왕파리매가 나방을 잡아 체액을 빨아 먹어요.

▶곤충 세계의 무법자 왕사마귀
왕사마귀는 고추잠자리의 날개만 빼고 모두 먹어요.

5장

• 특별부록 •

곤충의 생존 전략

동물은 서로 먹고 먹히며 살아가요.
힘세고 강한 동물이 약한 동물을 잡아먹는
약육강식의 법칙은 곤충 세계에서도 그대로
통한답니다. 더군다나 여느 동물에 비해
작은 동물인 곤충은 그만큼 살아가는 데
위험이 많아요.
위장술, 추운 겨울나기, 집짓기를 통해 자연
환경이나 적의 공격에서 살아남는 곤충의
생존전략을 살펴보아요.

몸 빛깔이 주변 색과 같아요

숲을 날아다니던 회색가지나방이 나무에 앉자, 마술처럼 금방 사라져 버렸어요. 어디로 갔을까요? 나방의 날개 빛깔이 나무의 색깔과 똑같아 찾을 수 없기 때문이에요. 풀숲에 사는 사마귀, 방아깨비, 줄베짱이는 초록색 몸 빛깔을 하고 있어요. 그래서 풀잎에 앉으면 천적의 눈에 띄지 않아요. 이처럼 곤충은 자기가 사는 곳과 같은 몸 빛깔을 이용해서 적을 피해요. 이런 위장 방법을 '보호색'이라고 해요.

▼**회색가지나방** 날개 색깔이 나무 색깔과 똑같아요.
이렇게 나무에 앉아 있으면 천적은 나방을 찾지 못해요.

▲풀잎 위의 사마귀
몸 빛깔이 초록색이라 풀잎에 앉으면 찾기 힘들어요.
그래서 풀잎에 숨어서 먹이를 기다리지요.

▼팥중이메뚜기
몸 빛깔이 흙색이라 땅에 앉으면 찾기 힘들어요.

▼홍점알락나비 애벌레
몸 빛깔이 자기가 사는 나무 색깔을 닮아 쉽게 눈에 띄지 않아요.

무서운 동물을 닮았어요

꽃에 날아와 꿀을 빠는 곤충이 벌이라고요? 아니에요. 꽃등에예요. 벌처럼 생겼지만 사실은 파리의 일종이지요. 천적은 꽃등에가 뾰족한 침을 가진 벌인 줄 알고 피해 다녀요. 이처럼 적이 싫어하거나 무서워하는 동물을 닮는 것도 훌륭한 위장술이에요. 나비나 나방의 애벌레 가운데는 뱀을 흉내내는 것도 있어요. 천적이 나타나면 몸의 앞부분을 흔들어 마치 뱀인 것처럼 행동하지요.

▲나방류의 애벌레
천적이 나타나면 몸에 달린 검은 줄을 뿔처럼 뻗어 위협해요.

▲제비나비의 애벌레
몸의 앞부분을 흔들어 뱀 흉내를 내요. 천적은 깜짝 놀라 도망가지요.

▲산제비나비 애벌레
앞에서 보면 꼭 뱀 같아서 새나 개구리 같은 천적이 덤비지 못해요.

▶벌처럼 생긴 호리꽃등에
벌침에 쏘인 적이 있는
천적은 벌처럼 생긴 곤충만
보면 도망가요.

나뭇잎을 닮았어요

숲 속에 사는 으름밤나방은 날개가 낙엽과 똑같이 생겼어요. 으름밤나방은 적이 나타나면 낙엽이 떨어진 곳에 앉아 적의 눈을 속이지요. 바람이 불면 몸을 떨기도 하는데, 그것은 바람결에 낙엽이 흔들리는 모습을 흉내내는 거예요. 아주 멋진 위장술이지요. 이처럼 자기 주변에 있는 물체를 닮는 위장술을 '의태'라고 해요. 아주 더운 열대 지방에 사는 마름모몸통낙엽사마귀도 적이 나타나면 낙엽 흉내를 내요.

▼천재적인 위장술
나뭇잎벌레는 앞날개에 잎맥 같은 줄무늬까지 있어서 정말 나뭇잎 같아요.

▲위장술의 대가 으름밤나방 날개가 낙엽을 닮아 낙엽 위에 앉으면 감쪽 같아요. 우리나라에 사는 곤충 가운데 위장술이 가장 뛰어나요.

▼낙엽을 닮은 마름모몸통낙엽사마귀
열대 지방에 사는 곤충으로 몸통이 말라서 오그라진 낙엽처럼 생겼어요.

5장 · 부록 · 곤충의 생존 전략

집을 업고 다니며 위장해요

들판의 나뭇가지에 나뭇가지와 나뭇잎을 잘라서 만든 길쭉한 집이 매달려 있어요. 그 속에 주머니나방류의 애벌레인 도롱이벌레가 살고 있지요. 도롱이벌레 집은 천적을 속이는 위장 옷이에요.

▼도롱이벌레의 위장 옷
도롱이벌레는 자기가 만든 집 속에서 겨울을 나요. 봄이 오면 집에서 주머니나방이 태어나요.

▼풀잎을 먹는 도롱이벌레
도롱이벌레는 집을 업고 다니며 입 부분을 조금 내밀어 풀잎을 먹어요.

나뭇가지를 닮았어요

대벌레와 자벌레(자나방의 애벌레), 나뭇가지사마귀는 나뭇가지 흉내를 내는 곤충이에요. 천적이 나타나면 나뭇가지에 붙어서 나뭇가지 흉내를 내지요. 정말 신기한 위장술이에요.

▼나뭇가지사마귀
나뭇가지 흉내를 내는 사마귀로, 나뭇가지에 앉아 있으면 적이 찾을 수 없어요.

▼흉내쟁이 대벌레
위장술이 뛰어난 대벌레는 적이 나타나면 앞다리와 더듬이를 쭉 뻗어 나뭇가지 흉내를 내요.

가짜 눈알 무늬가 있어요

호랑나비 5령 애벌레, 물결나비, 부처나비는 몸에 새겨진 눈알 무늬로 적을 놀라게 해요. 호랑나비 5령 애벌레는 적이 가까이 오면, 등에 있는 가짜 눈알 무늬를 크게 하고 몸을 양옆으로 흔들어 적을 위협해요. 무서운 올빼미나 고양이의 눈처럼 생긴 눈알 무늬가 갑자기 나타나면 천적도 깜짝 놀라 도망가지요. 새들이 나비의 날개에 새겨진 눈알 무늬를 나비의 눈인 줄 알고 마구 쪼아대지만, 나비는 기껏해야 날개만 찢어질 뿐 생명을 구할 수 있어요.

▲여러 개의 눈알 무늬
부처나비의 날개에는 여러 개의 눈알 무늬가 있어요.

▲나비 날개의 눈알 무늬
애물결나비는 적이 나타나면 날개를 펼쳐 눈알 무늬를 보여요.

▶ **으름밤나방의 애벌레**
몸에 새겨진 커다란 눈알 무늬로 적을 놀라게 해요.

▼ **호랑나비 5령 애벌레** 눈알 무늬를 보고도 적이 물러나지 않으면 머리 부분에서 주홍색 뿔을 내밀며 고약한 냄새를 풍겨요.

화려한 곤충은 맛이 없어요

위험한 순간에 숨기는커녕, 화려한 몸 빛깔을 뽐내며 돌아다니는 곤충도 있어요. 아름답고 화려한 큰광대노린재, 무당벌레, 길앞잡이는 적이 나타나도 숨지 않아요. 왜 적이 나타나도 숨지 않는 것일까요?
새가 큰광대노린재를 덥석 물더니, 곧 '퉤!' 하고 뱉어 버려요. 큰광대노린재가 고약한 냄새를 뿜어내 도저히 먹을 수 없기 때문이에요. 아름답고 화려한 곤충은 고약한 냄새가 나거나 독이 있어요. 그래서 한번 먹어 본 적들은 다시는 화려한 곤충을 먹지 않아요. 이처럼 화려한 몸 빛깔을 이용하는 위장술을 '경계색'이라고 해요.

▲화려한 빛깔의 길앞잡이
아름다운 곤충은 맛이 없어서 적들이 먹지 않아요.

▲큰광대노린재
지독한 냄새를 뿜기 때문에 적들이 먹지 않아요.

▼ 알록달록 무당벌레
적이 위협하면 쓰디쓴 노란 액체를 뿜어내 적을 쫓아내요.

▲톱날무늬네발나비
열대 지방에 사는 화려한 곤충이에요. 화려한 곤충은 맛이 없거나 독이 있지요.

알로 추운 겨울을 나요

겨울이 되자 나뭇가지에 매달린 좀사마귀의 알집에도 눈이 쌓이고 있어요. 지난 가을에 좀사마귀가 만든 알집이에요. 좀사마귀와 왕사마귀는 나뭇가지에 거품을 만들어, 그 속에 알을 낳고 죽어요.
거품이 마르면 스폰지처럼 탄력 있는 알집이 되어요. 알집은 추위로부터 알을 지켜 주어요. 이외에 메뚜기와 여치, 암고운부전나비도 알로 겨울잠을 자요.

▲암고운부전나비 알 복숭아 나뭇가지 사이에서 겨울잠을 자고 있어요.

▲좀사마귀의 알집
알로 겨울잠을 자며 추운 겨울을 보내요.

애벌레로 추운 겨울을 나요

수북히 쌓인 낙엽 속에서 왕오색나비 애벌레가 겨울잠을 자고 있어요. 자기 몸 빛깔과 같은 색깔의 낙엽에 붙어서, 꼼짝도 하지 않고 겨울잠을 자고 있어요.
또 참나무 숲에 뒹굴고 있는 썩은 나무토막을 잘라 보니, 그 속에 사슴벌레 애벌레가 있어요. 나무 속에 둥그런 방을 만들어 놓고, 그 속에서 겨울잠을 자고 있어요. 나무 속이라 추위를 피하기도 쉬워요.
이 외에도 하늘소, 장수풍뎅이, 큰광대노린재도 애벌레로 겨울잠을 자요.

◀사슴벌레 애벌레
나무 속에서 겨울잠을 자요.

◀ 큰광대노린재 애벌레
낙엽 속에서 겨울잠을 자요.

◀ 장수풍뎅이 애벌레
썩은 낙엽 속에서 겨울잠을 자요.

◀ 왕오색나비 애벌레
낙엽에 붙어서 겨울잠을 자요.

번데기로 추운 겨울을 나요

긴꼬리제비나비 번데기가 나뭇가지에 매달려
겨울잠을 자고 있어요.
자기 몸 빛깔과 똑같은 색깔의 나뭇가지에 매달려 있어서
쉽게 눈에 띄지 않아요. 긴꼬리제비나비 번데기는 겨울잠을
자면서도 먹이를 구하러 다니는 새들의 눈에 띄지 않게
위장술을 펼치고 있는 거예요.
추위를 견디며 겨울잠을 자는 일도 중요하지만, 겨울잠을
자다가 천적의 눈에 띄지 않아야 살아남을 수 있으니까요.
호랑나비, 주홍박각시, 제비나비도 번데기로 겨울잠을 자요.

◀긴꼬리제비나비
번데기
몸 빛깔과
같은 색깔의
나뭇가지에
매달려
겨울잠을 자요.

◀주홍박각시 고치
낙엽 위의 고치 속에 주홍박각시 번데기가 들어 있어요.

◀호랑나비 번데기
천적의 눈에 띄지 않아 무사히 겨울을 날 수 있지요.

◀노랑쐐기나방 고치
돌 밑에 붙은 고치 속에서 번데기가 겨울잠을 자요.

5장 · 부록 · 곤충의 생존 전략

어른벌레로 추운 겨울을 나요

눈 덮인 낙엽 속에서 무당벌레 떼가 보여요. 무당벌레는 여러 마리가 떼를 지어 낙엽 속이나 바위 틈에서 겨울잠을 자요. 여러 마리가 함께 모여서 겨울잠을 자면 덜 춥고, 봄이 되어 짝짓기를 할 때 암컷과 수컷이 쉽게 만날 수 있어요. 이외에도 가시노린재, 네발나비, 말벌도 어른벌레로 겨울잠을 자요. 어른벌레로 겨울잠을 자는 곤충은 겨우내 먹지도 않고 움직이지도 않아요. 이들은 몸 안에 모아 놓은 영양분을 조금씩 쓰면서 겨울잠을 자요.

▼무당벌레의 겨울나기
　찬바람을 피해 눈덮인 낙엽 속에서 겨울잠을 자요.

▲무당벌레 떼
낙엽 속에 옹기종기 모여 추위를 피해요.

▼네발나비 낙엽 속이나 마른 풀 사이에서 겨울잠을 자다가, 이른 봄에 깨어나 활동을 시작해요.

▼가시노린재의 겨울잠 나무껍질 속에 모여 겨울잠을 자요.

진흙으로 집을 지어요

사람에게 집이 중요하듯이 곤충들이 살아가는 데도 집은 아주 중요해요. 곤충이 집을 짓는 이유 중 가장 중요한 건 알을 낳고 키우기 위해서예요. 작은 곤충에게도 자손을 퍼뜨리는 일은 중요하거든요. 곤충마다 생김새가 다르듯이 집 모양이나 재료도 다르고 다양하답니다.

▲줄무늬감탕벌의 집
진흙으로 파이프 모양의 집을 지어 새끼를 길러요.

▼민호리병벌의 집
주변에 먹이가 많은 바위를 찾아 집을 지어요.

나뭇잎으로 집을 지어요

나무에 연초록 새잎이 돋아나는 5월, 거위벌레 암컷이 참나무 잎에 날아와 집을 지어요.
날카롭게 생긴 입으로 참나무 잎을 삭둑삭둑 자르며 집을 지어요. 거위벌레는 잎을 반으로 접고 돌돌 만 뒤, 그 속에 알을 낳아요. 나뭇잎으로 만든 이 집은 거위벌레의 애벌레가 살 집이에요. 거위벌레 애벌레는 나뭇잎으로 만든 집의 안쪽을 갉아 먹으며 자라나요.

▲거위벌레 집 속의 알
나뭇잎 집을 잘라보니, 그 속에 노란 거위벌레 알이 들어 있어요.

▲왕거위벌레
목이 긴 모습이 거위처럼 보여서 거위벌레라고 불려요.

◀ 거위벌레
집 짓기 1
거위벌레가
참나무잎을
반으로
접었어요.

◀ 거위벌레
집 짓기 2
나뭇잎을
반으로
접어 돌돌
말아올려요.

◀ 거위벌레
집 짓기 3
완성된
거위벌레의
집이에요.

땅속에 집을 지어요

나나니벌은 날카로운 아랫턱과 앞다리를 이용해 땅에 구멍을 파요. 4~5cm 가량 구멍을 판 다음, 한쪽에 둥그런 방을 만들어요. 집이 완성되면 나나니벌은 배추벌레(배추흰나비 애벌레) 한 마리를 잡아 와요. 앞으로 태어날 나나니벌 애벌레가 먹을 먹이거든요. 나나니벌은 배추벌레의 몸에 알을 하나 낳은 후, 집의 입구를 돌로 막아요. 정성들여 만든 집에 개미나 거미가 들어가면 안 되거든요. 얼마 후, 알에서 나온 나나니벌 애벌레는 배추벌레를 먹으며 자라나요.

▲나나니벌의 사냥 1
구멍을 파서 집을 만들어요.

▲나나니벌의 사냥 2
배추벌레를 잡아가요.

▲나나니벌의 사냥 3
배추벌레를 집 안으로 끌고 가요.

▼집의 입구를 막는 나나니벌
집 안에 개미나 거미가 못 들어가게 돌로 입구를 막아요.

거품으로 집을 지어요

따뜻한 봄날, 산이나 들판에 나가면 식물의 줄기나 잎에 하얀 거품 덩어리가 달려 있어요. 바로 거품벌레 애벌레가 만든 거품 집이에요. 거품벌레 애벌레는 뾰족한 입으로 식물의 즙을 빨아서 거품을 만들지요. 거품벌레 애벌레는 새나 개미 같은 천적이 나타나면 거품 속으로 쏙 숨어 버려요. 몸에 물기가 마르는 것을 싫어하는 애벌레에게 거품 집은 아주 편안하고 좋은 집이에요.

▲식물의 즙을 빨고 있는 거품벌레 애벌레

▲거품벌레 애벌레가 꽁무니로 내뿜는 거품

▲거품 속으로 사라진 거품벌레 애벌레

▼거품벌레 애벌레의 거품 집
거품 속에 애벌레들이 살고 있어요.

5장 · 부록 · 곤충의 생존 전략

집을 지어 먹이를 사냥해요

명주잠자리의 애벌레인 개미귀신은
먹이를 사냥하기 위해 집을 지어요.
개미귀신은 마른 흙이나 모래가 있는 곳에 집을 지어요.
궁둥이 끝을 삽처럼 이용해서 깔때기처럼
옴폭 파인 작은 구멍을 만들어요.
이것이 바로 개미귀신의 집이에요. 개미귀신은
이 구멍 속에 숨어서 먹잇감을 기다려요.
지나가던 개미가 개미귀신의 집에 빠지면
개미귀신에게 잡아먹혀요.
그래서 개미귀신의 집을 '개미지옥' 이라고도 해요.
이처럼 곤충은 애벌레를 키우기 위해
집을 짓기도 하지만 먹이를 잡기 위해
집을 짓기도 해요.

▲모래 속에 숨은 개미귀신 온몸에 털이 나 있고, 머리에 달린 큰턱이 매우 무시무시해요.

▲흙 위에 있는 개미귀신 몸 전체에 흙이 묻어 있어서 흙 위에 있으면 잘 보이지 않아요.

▲명주잠자리 고치 동그랗게 생긴 고치에서 명주잠자리가 방금 태어났어요.

찾아보기

ㄱ
가시노린재 · 163
개미귀신 · 173
거위벌레 · 166
거품벌레 애벌레 · 170
경계색 · 154
고치 · 161, 173
곤충젤리 · 137, 138, 140
기데온장수풍뎅이 · 32, 50, 68
기라파톱사슴벌레 · 74, 93, 112
긴꼬리제비나비 번데기 · 160
길앞잡이 · 154

ㄴ
나나니벌 · 168
나뭇진 · 10, 20
나뭇가지사마귀 · 151
나뭇잎벌레 · 148
날개돋이 · 48, 90
넓적사슴벌레 · 13, 27, 78, 96
네발나비 · 163
노랑쐐기나방 고치 · 161

ㄷ
다우리아사슴벌레 · 93, 106
대벌레 · 151
도롱이벌레 · 150
두점박이사슴벌레 · 74, 108

ㄹ
람프리마사슴벌레 · 74, 118
로젠버기황금사슴벌레 · 74, 114

ㅁ
마름모몸통낙엽사마귀 · 149
메탈리퍼가위사슴벌레 · 74, 92, 122
명주잠자리 · 173
모렌캄피장수풍뎅이 · 51, 66
무당벌레 · 162
뮤엘러리사슴벌레 · 74, 120
민호리병벌 · 165

ㅂ
발효톱밥 · 137, 138, 140
보호색 · 144
부세팔루스왕넓적사슴벌레 · 128
부엽토 · 133
부처나비 · 152
불짜게거미 · 142
비닐방충망 · 136

ㅅ
사슴벌레 · 74, 102
사육통 · 136
사육용 매트 · 137
산란목 · 137
산제비나비 애벌레 · 147

ㅇ
아틀라스장수풍뎅이 · 50, 64
악테온코끼리장수풍뎅이 · 60
애사슴벌레 · 98
어른벌레 · 48, 90, 132, 162
오각뿔장수풍뎅이 · 51, 70
왕사마귀 · 142
왕사슴벌레 · 77, 78, 94
왕오색나비 · 23, 159
왕파리매 · 142
외뿔장수풍뎅이 · 54
원표애비단사슴벌레 · 111
으름밤나방 · 149
의태 · 148

ㅈ
자벌레 · 151
장수말벌 · 20, 23, 26
장수풍뎅이 · 12, 30, 36, 52
주홍박각시 · 25, 161
줄무늬감탕벌 · 164
좀사마귀 · 157

Beetle

참나무 · 20, 22
참넓적사슴벌레 · 110
채집 · 132
천적 · 144, 146
칠성무당벌레 · 142

코끼리장수풍뎅이 · 51, 58
코카서스장수풍뎅이 · 15, 62
큰멋쟁이나비 · 23, 27
큰광대노린재 · 154, 159

타란두스광사슴벌레 · 93, 116
탈바꿈 · 46
태극나방 · 24
톱날무늬네발나비 · 155
톱사슴벌레 · 100, 132

팥중이메뚜기 · 145
패리큰턱사슴벌레 · 124

하늘소 · 21, 25
헤라클레스 장수풍뎅이 · 14, 17, 50, 56
호랑나비 5령 애벌레 · 153
호리꽃등에 · 147
호페이왕사슴벌레 · 126
홍다리사슴벌레 · 104
홍점알락나비 애벌레 · 145
황오색나비 · 20, 22
회색가지나방 · 144
흰점박이꽃무지 · 23

어린이 과학백과 시리즈
초등 교과 연계표

책 명	학년-학기	교 과	단 원
인체백과	6-2	과학	4. 우리 몸의 구조와 기능
곤충백과	3-1	과학	3. 동물의 한살이
	5-1	과학	5. 다양한 생물과 우리 생활
로봇백과	3-1	국어	2. 문단의 짜임
	3-1	과학	2. 물질의 성질
동물백과	3-1	과학	3. 동물의 한살이
	3-2	과학	2. 동물의 생활
	5-1	과학	5. 다양한 생물과 우리 생활
호기심백과	3-1	과학	5. 지구의 모습
	5-2	과학	1. 날씨와 우리 생활
바다해저백과	3-1	과학	5. 지구의 모습
	3-2	과학	2. 동물의 생활
공룡백과	3-2	과학	2. 동물의 생활
	4-1	과학	2. 지층과 화석
전통과학백과	3-1	과학	2. 물질의 성질
	3-2	사회	2. 시대마다 다른 삶의 모습
우주백과	3-1	과학	5. 지구의 모습
	5-1	과학	3. 태양계와 별
장수풍뎅이 사슴벌레백과	3-1	과학	3. 동물의 한살이
파충류백과	3-1	과학	3. 동물의 한살이
	3-2	과학	2. 동물의 생활
	5-1	과학	5. 다양한 생물과 우리 생활
벌레잡이·희귀 식물백과	4-1	과학	3. 식물의 한살이
	4-2	과학	1. 식물의 생활
세계 최고·최초백과	3-1	과학	5. 지구의 모습
	5-1	과학	3. 태양계와 별
	6-2	사회	3. 세계 여러 지역의 자연과 문화
발명백과	3-1	과학	2. 물질의 성질
	4-2	과학	3. 그림자와 거울
드론백과	3-1	과학	2. 물질의 성질
	5-2	과학	3. 물체의 빠르기
인공지능백과	4-1	과학	1. 과학자처럼 탐구해 볼까요?
	5	실과	6. 생활과 정보
	6	실과	3. 생활과 전기 전자
			4. 나의 진로
공상 과학 곤충 도감	3-1	과학	3. 동물의 한살이
	3-2	과학	4. 나의 진로

수중 생물 최강자를 가릴 차례!

《초위험 수중 생물 최강왕 결정전》
에서 가장 위험하고 강력한
최강 수중 생물을 만나 보세요.

Creature Story 편저

과학 학습 도감
최강왕 시리즈 현 26권